Istituto Italiano di Cultura - Tokyo

Maggia, Miscio, Quaglieri

OPERA PRIMA

Libro dello studente ed esercizi Volume 2

Casa Editrice Asahi

Comitato editoriale:
Shigeaki Sugeta prof. Emerito dell'Università Waseda
Massimo Vedovelli Rettore dell'Università per Stranieri di Siena
Mika Maruta dottore di ricerca dell'Università per Stranieri di Siena
Umberto Donati Direttore dell'IIC Tokyo
Maria Katia Gesuato lettrice MAE Tokyo

Autori:
Federica Maggia, Francesca Miscio, Antonio Quaglieri

Illustrazioni:
Monica Martin

Grafica, progetto multimediale e realizzazione video:
Marco Iacomelli

Coordinamento:
Andrea Civile, Masako Toyoda, Monica Biagetti

Traduzione della guida per l'insegnante:
Yuri Hasegawa

Si ringraziano:
Dott.ssa **Paola Peruzzi** docente di lingua italiana all'Università per Stranieri di Siena e tutti coloro che, a vario titolo e con diverse competenze, hanno contribuito alla realizzazione del manuale Opera Prima volume 2 in tutte le sue parti; **Fondazione Italia Giappone** per l'utilizzo del logo e **ENIT** per il materiale video.

L'editore è a disposizione degli aventi diritto che sono stati contattati ma con i quali non è stato possibile comunicare.

Istituto Italiano di Cultura , Tokyo
2-1-30, Kudan Minami
Chiyoda -Ku, Tokyo
https://iictokyo.jp/

Finito di stampare a Tokyo giugno 2012

La pubblicazione del secondo volume di OPERA PRIMA rappresenta la felice conclusione di un progetto iniziato nell'autunno del 2010, il cui scopo è quello di fornire prima di tutto ai propri corsisti e in generale ai discenti giapponesi uno strumento agile, aggiornato e piacevole per l'apprendimento della lingua italiana.
Si è trattato di uno sforzo notevole, un'impresa che ha visto impegnato tutto l'Istituto di Tokyo dal punto di vista dei mezzi finanziari e delle risorse umane. Nell'intensa fase di elaborazione si sono sperimentate nuove sinergie, nuovi gruppi di lavoro interdisciplinari, nuove modalità di collaborazione in un continuo contatto con docenti specialisti del settore che hanno seguito e monitorato il lavoro degli autori pagina dopo pagina. Alla loro professionalità, alla loro continua condivisione di intenti si deve la realizzazione in tempi rapidissimi dell'opera che, rammento, copre il livello A1 del Quadro Comune di Riferimento Europeo.
L'immagine dell'Italia che questo testo veicola, se da un lato conferma alcuni elementi facilmente riconoscibili dal pubblico giapponese che proprio da questi è attratto, dall'altro cerca di presentare nuovi volti del territorio, della cultura e del tessuto produttivo del nostro Paese.
Nell'auspicio e nella convinzione di aver portato un contributo alla diffusione della lingua italiana in Giappone, ringraziamo le molte scuole e universtità che finora hanno adottato OPERA PRIMA e tutti coloro che a vario titolo e in vario modo ne hanno consentito la realizzazione, in primis il collega Edoardo Crisafulli, che ha avviato il progetto, il professor Shigeaki Sugeta, che presiede il Comitato Didattico dell'Istituto, e la lettrice del MAE Maria Katia Gesuato.

Umberto Donati*, Direttore dell'Istituto Italiano di Cultura di Tokyo*

L'Italia e le sue regioni

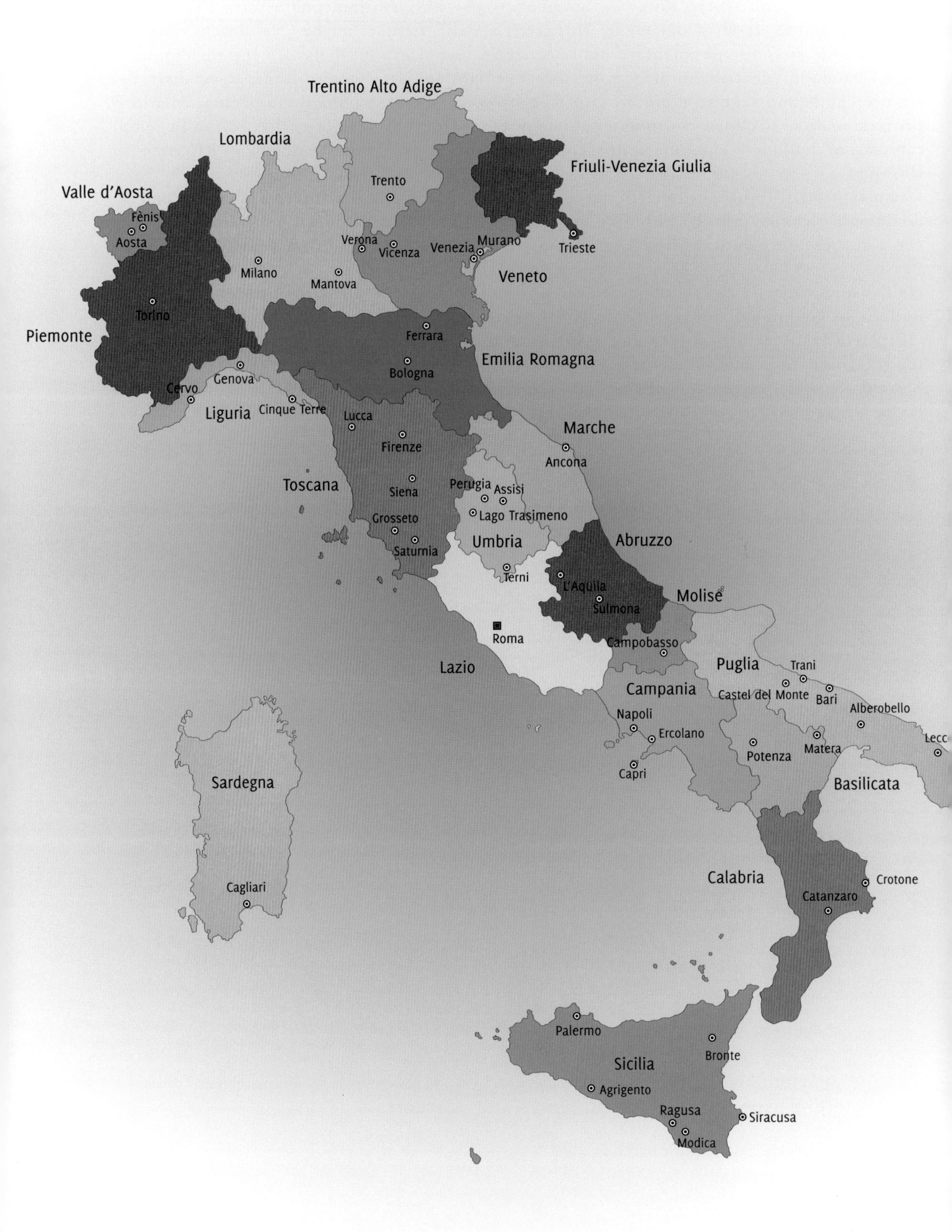

Unità 1 - Dove ci vediamo?

FUNZIONI COMUNICATIVE:
chiedere e dire dove si trova un determinato posto, prendere un appuntamento, descrivere un brano musicale, raccontare esperienze passate, parlare delle abitudini serali e mattutine, descrivere un teatro
LESSICO:
geografico, il centro città, l'opera lirica, azioni quotidiane
ESPRESSIONI UTILI:
In che regione è?, In che città è?, Dove si trova?, Dove ci vediamo?, A che ora ci vediamo?, Ma che bella!, È meravigliosa!, Bravissimo!, Finalmente!, Non sono mai stato a..., Neanch'io, Che cosa hai fatto di bello?
GRAMMATICA:
- Ripresa del passato prossimo con participi passati regolari
- Participi passati irregolari: stato/a, fatto, visto, bevuto
- Preposizioni articolate
- Avverbi e espressioni di tempo: prima, poi, dopo, prima di..., l'anno scorso, due anni fa
- Verbi riflessivi
- Superlativo relativo e superlativo assoluto

ASPETTI CULTURALI:
l'opera lirica e i teatri storici

Unità 2 - Dai, partiamo!

FUNZIONI COMUNICATIVE:
descrivere il giorno della partenza per una vacanza (preparativi), descrivere una scena, chiedere e dire dove si trova un oggetto, parlare di preferenze, raccontare dove si passano le vacanze estive, fare il check-in un albergo
LESSICO:
preparativi per la partenza, attività al mare e in montagna in estate, in albergo, souvenir, i numeri romani (I-XX)
ESPRESSIONI UTILI:
Dai, partiamo!, Mi passi..., Sì, ecco/Sì,un attimo/Sì,tieni, Stai attento!/State attenti!, Stai tranquillo!, In bocca al lupo!, Crepi!, Ho già finito, Non ho ancora finito, Abbiamo appena finito, Ho una camera prenotata a nome..., C'è la vasca da bagno, vero?, A che ora è la cena?, Dalle ... alle ..., Al primo piano, Allora com'è andata?, Com'è andato il viaggio?, Com'è andata la vacanza?, Benissimo/Insomma.../Male!, Magari anche delle olive, Ho fatto un sacco di fotografie, Passo più tardi da te, Devo passare dalla mamma
GRAMMATICA :
- Passato prossimo con ausiliare essere
- Participi passati irregolari
- Partitivi plurali
- Aggettivi in -co/-ca
- Preposizioni articolate e preposizione da (+ persona)
- Avverbi e espressioni di tempo: ieri, ... scorso/scorsa
- Qualche

ASPETTI CULTURALI:
souvenir dall'Italia, castelli in Italia

Unità 3 - Lo conosci?

FUNZIONI COMUNICATIVE:

chiedere e comprendere semplici indicazioni stradali, descrivere posti, persone e situazioni, descrivere il tempo e parlare di abitudini stagionali, esprimere e motivare una preferenza parlando delle stagioni, chiedere il permesso di fare qualcosa, rispondere alla richiesta di permesso, chiedere un favore, rispondere alla richiesta di un favore

LESSICO:

semplici indicazioni stradali, il tempo atmosferico, le stagioni e le abitudini stagionali in Giappone

ESPRESSIONI UTILI:

Scusi, mi può dire dov'è?, Mi potrebbe dire dove si trova ...?, Lo conosce?/Li vede?, Mi sono perso/a, Che tempo fa?, Com'è il tempo in Giappone?, Sai che tempo fa domani?, Scusa, sai dov'è?, Mi dispiace, non lo so, Tu sai ...?, Ora lo so!, Posso vedere la mappa?, Sì, prego/certo/ecco, Mi puoi aspettare?/Puoi aspettarmi?, Sì, non c'è problema/No, scusa, mi dispiace, devo andare/non posso/non ho tempo

GRAMMATICA :

- Pronomi diretti: lo, la, li, le
- Passato prossimo dei verbi riflessivi
- Nomi in -tore/-trice
- Condizionale con funzione di richiesta cortese (Mi potrebbe + verbo all'infinito)
- Molto (aggettivo e avverbio)

ASPETTI CULTURALI:

la gestualità degli italiani, Trieste (scrittori triestini, la Bora), il barocco di Lecce, il metrò di Napoli, il gioco dell'oca

Unità 4 - Ti telefono!

FUNZIONI COMUNICATIVE:

parlare dei propri interessi, chiedere e dire cosa si sta facendo, descrivere in modo semplice delle opere d'arte, parlare delle proprie abitudini nel tempo libero

LESSICO:

relativo all'arte, al cinema, al teatro, alla musica, alla danza, allo sport e agli interessi vari, alcuni colori, tempo libero e azioni quotidiane, eventi in piazza

ESPRESSIONI UTILI:

A me piace ..., Anche a me, A me invece ..., Cosa stai facendo?, Ti aspetto!, Se non ti vedo ti telefono!, Ci incontriamo in piazza

GRAMMATICA :

- Ripresa dei pronomi diretti
- Pronomi indiretti (mi, ti, Le, gli, le)
- Gerundio e stare + gerundio
- Doppia negazione: non ... niente/mai
- Verbi riflessivi reciproci
- Tutti/e + articolo determinativo

ASPETTI CULTURALI:

luoghi di ritrovo e modi di salutarsi degli italiani, gli spettacoli all'aperto e la piazza, opere d'arte del '900

Unità 5 - Che romantico!

FUNZIONI COMUNICATIVE:
fissare un appuntamento via SMS, ordinare un gelato, spostare l'orario di un appuntamento, dare consigli, comprendere e scrivere semplici messaggi d'amore, descrivere cose e persone con metafore, esprimere preferenze, scegliere una pizza, descrivere una persona ideale

LESSICO:
relativo all'amore, all'amicizia e ai sentimenti, nomi e ingredienti delle pizze, carattere delle persone

ESPRESSIONI UTILI:
A che ora ci vediamo?, Dove ci vediamo?, Ti aspetto davanti a..., Ci sentiamo, Se faccio tardi ti scrivo, Ti voglio bene, Dov'eri?, Ero in..., Ti volevo chiedere..., Io prendo un gelato con..., Qual è il tuo gusto preferito?, Siamo un po' in ritardo, Vi aspettiamo, Ci vediamo direttamente davanti a..., Dovresti essere meno..., Non dovresti essere così..., Secondo me sei troppo..., Se continui così..., Bello come..., Dolce come..., Ti amo, Adoro..., Io prendo..., Io invece..., Per me un amico deve essere...

GRAMMATICA:
- Pronomi diretti
- Pronomi indiretti
- Imperfetto di essere e volere (prime tre persone singolari)
- Condizionale per dare un consiglio (Dovresti + verbo all'infinito)
- Troppo (avverbio)

ASPETTI CULTURALI:
gli appuntamenti, il gelato, i vari modi di salutarsi, San Valentino, la pizza

Unità 6 - Cosa gli regaliamo?

FUNZIONI COMUNICATIVE:
descrivere cose e persone, chiedere ed esprimere un parere, motivare una scelta, esprimere i propri gusti, dire cosa si pensa di qualcuno, fare paragoni, esprimere sorpresa, fare gli auguri, fare delle supposizioni, chiedere ed esprimere una preferenza

LESSICO:
relativo al design e allo stile, alcuni oggetti e mobili di casa, i colori, stili e periodi architettonici, relativo all'automobile, la pasticceria italiana

ESPRESSIONI UTILI:
Qual è il tuo colore preferito?, A me piace..., Io amo..., Cosa gli regaliamo?, Cerchiamo un regalo di compleanno, Guarda!, Che ne dici?, Che ne pensi?, Mi sembra/Mi sembrano..., Secondo me..., Penso che sia/siano..., Lo penso anch'io, Buon compleanno!, Che sorpresa!, Chi sarà?, Che cosa sarà?, Sarà/saranno..., Non piove più, Quale vuoi?, Quello al cioccolato, Ne prendo uno

GRAMMATICA:
- Aggettivi: i colori
- Dimostrativo quello (aggettivo e pronome)
- Diminutivo -ino
- Indicativo e congiuntivo per esprimere un'opinione (Secondo me è/sono..., Penso che sia/siano ...)
- Comparativo di maggioranza e di minoranza
- Partitivo: ne

ASPETTI CULTURALI:
il design, lo stile, la pasticceria

1. Dove ci vediamo?

1 Bentornati in Italia!

Guardiamo il video.

Adesso completate con le parole del riquadro.

torre
palazzo
teatro
piazza
terme
~~ponte~~
ville
fontana

E1

1

Ponte Sant'Angelo

4

la .... degli Asinelli

2

il .... San Carlo

5

la .... delle 99 Cannelle

7

.... Unità d'Italia

3

le .... di Saturnia

6

le .... Palladiane

8

il .... dei Diamanti

2 È in Toscana

a. Ascoltate. 1

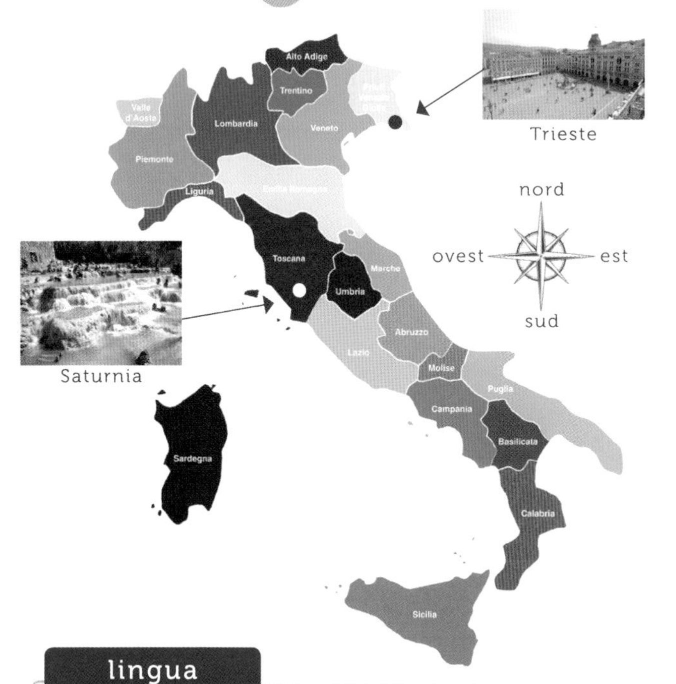

Trieste

Saturnia

- ■ Dov'è Piazza Unità d'Italia?
- • A Trieste.
- ■ E Trieste in che regione è?
- • In Friuli, al nord.

- ■ Dove sono le Terme di Saturnia?
- • In Toscana.

comunicazione

- ■ In che città è/sono?
- • A Trieste.
- ■ In che regione è/sono?
- • In Toscana.

lingua

a Roma
in Toscana (nel Lazio / nel Molise / nelle Marche)
al nord / al centro / al sud / a est / a ovest

Allegato 1a e 1b, pp. 113-114

b. Guardate le foto e rispondete alle domande.

Che città è?
Conosci questi posti?
Secondo te che cosa sono?

3 Dove ci vediamo?

Guardiamo il video. 

a. Ascoltate ancora la telefonata e segnate con ☑ le battute che sentite.

Arrivo in stazione
- ☐ alle quattro e mezza.
- ☐ alle cinque e mezza.

Ah! Vieni
- ☐ in treno?
- ☐ in macchina?

Facciamo davanti
- ☐ alla pizzeria.
- ☐ alla biglietteria.

E2

b. Guardate il video e completate il dialogo con le espressioni a destra.

ti metti | mi faccio una doccia | dove ci vediamo?

▷ Allora, domani vieni a Verona!
■ Sì.
▷ Senti, se domani arrivi presto ti porto in una bellissima pasticceria.
■ Arrivo in stazione alle quattro e mezza.
▷ Ah! Vieni in treno?
■ Sì, è più comodo. Senti, ...
▷ Facciamo davanti alla biglietteria dell'Arena?
■ Va bene, d'accordo.
▷ Ci vediamo lì alle sei.
■ Ok, dalla stazione io vado in albergo,
...., mi vesto e arrivo.
▷ Ah, a proposito! Tu cosa ....?
■ Mah, un vestitino nero. Tu?
▷ Un vestito grigio, credo.

comunicazione

- ■ Dove ci vediamo?
- ● Davanti alla biglietteria.

- ■ Ci vediamo lì alle sei.
- ● Benissimo.

4 Davanti alla biglietteria

a. Completate come nell'esempio.

la biglietteria | l'albergo | il negozio di Roberto Cavalli | lo stadio

davanti *alla biglietteria*

davanti ....

davanti ....

davanti ....

davanti a ...	**grammatica**	al - allo - all'- alla

b. Prendete un appuntamento con un amico in questa piazza.

Dove ci vediamo?

A che ora?

E3

5 Finalmente in platea!

a. Ordinate le scene in una possibile successione e dite cosa fanno Marta e Luisa.

Marta e Luisa si incontrano davanti alla biglietteria...

b. Guardate il video e controllate. 

c. Completate le frasi con i verbi del riquadro.

vanno	prendono	passeggiano

Marta e Luisa si incontrano davanti alla biglietteria dell'Arena alle 6.
Prima .... in una pasticceria e .... qualcosa,
poi .... un po'.

lingua

Prima cenano in una trattoria, poi vanno all'Arena per vedere l'opera.

d. Ascoltate e completate.  2

1. Luisa ha comprato due biglietti di ....
2. L'anno scorso hanno visto la ....
3. Due anni fa hanno visto la ....

E4

lingua

L'anno scorso ho visto la Turandot.
Due anni fa abbiamo visto la Tosca.

6 Sono andata in Sardegna

Guardiamo il video. 

a. Guardate ancora e segnate le risposte giuste.

PASTICCERIA	CAFFETTERIA
Pasticcini assortiti	Caffè espresso
Babà	Caffè macchiato
Sfogliatella	Caffè decaffeinato
Cannolo	Cappuccino
Bignè	Cappuccino con panna
	Cappuccino decaffeinato
	Cioccolata
	Tè
	Tisana

- ☐ da mangiare ordinano i pasticcini assortiti
- ☐ una ragazza beve un cappuccino con la panna
- ☐ l'altra un caffè decaffeinato

b. Immaginate di cosa parlano Marta e Luisa.

Secondo me, mentre mangiano loro parlano di...

cucina | uomini | vacanze

viaggi | lavoro | moda

c. Adesso ascoltate e controllate. 

d. Ascoltate ancora e completate il dialogo.

E5

▷ Allora, sei stata in vacanza?! In Puglia anche quest'anno?
■ No, quest'estate sono andata in Sardegna, ...
di una mia collega. Bella, ... la Sardegna! Che mare!
▷ Eh, sì! Io ci sono stata tre anni fa. Quest'anno invece a ....
vado una settimana in Calabria, a Crotone.
■ Ah! Bella anche la Calabria, ma .... sono
.... stata a Crotone.
▷ Neanch'io. Vediamo... Parto il 10 e torniamo il 17.

lingua

Sono andato in Sardegna.
Io ci sono stato tre anni fa.

Sono stata...
Sono andata...

comunicazione

■ Non sono mai stato a Crotone.
● Neanch'io.

7 E tu sei stato in Italia?

A coppie rispondete a questa domanda utilizzando le espressioni qui sotto.

Sì, ci sono stato/a una volta / due volte
l'anno scorso / due anni fa

No, non ci sono mai stato/a.
Ma vorrei andare a... / in...

Sono stato/a a Roma / in Sicilia

Neanch'io.
Io invece sì.

8 Che cosa hai fatto di bello in Italia?

Rispondete alla domanda usando i verbi del riquadro.

mangiare (2) - ~~assaggiare~~ - potere (2) - dormire - visitare - comprare (2) - sciare

a. In Sardegna ho assaggiato la bottarga.
b. A Roma .... il Colosseo.
c. In Puglia .... una notte in un trullo.
d. A Genova .... la pasta al pesto.
e. Finalmente .... vedere l'opera alla Scala.
f. In Toscana .... tre bottiglie di Chianti.
g. Purtroppo non .... vedere la Grotta Azzurra.
h. In Valle d'Aosta .... sul Monte Bianco.
i. In Italia .... molti souvenir.
l. In Sicilia .... tanto pesce. E6

-are	-ato	mangiare andare	ho mangiato sono andato/a
-ere	-uto	potere	ho potuto
-ire	-ito	dormire	ho dormito

grammatica

9 Sono stato a Verona

Immaginate di essere stati in questi posti e dite cosa avete fatto come nell'esempio.

Verona

A Verona ho visitato la Casa di Giulietta.
Ho visto un'opera all'Arena e ho assaggiato il risotto all'amarone.

Torino

il Museo Egizio

la Mole Antonelliana

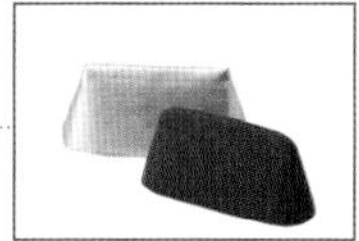

i gianduiotti

Matera

i Sassi

Assisi

la Basilica di San Francesco

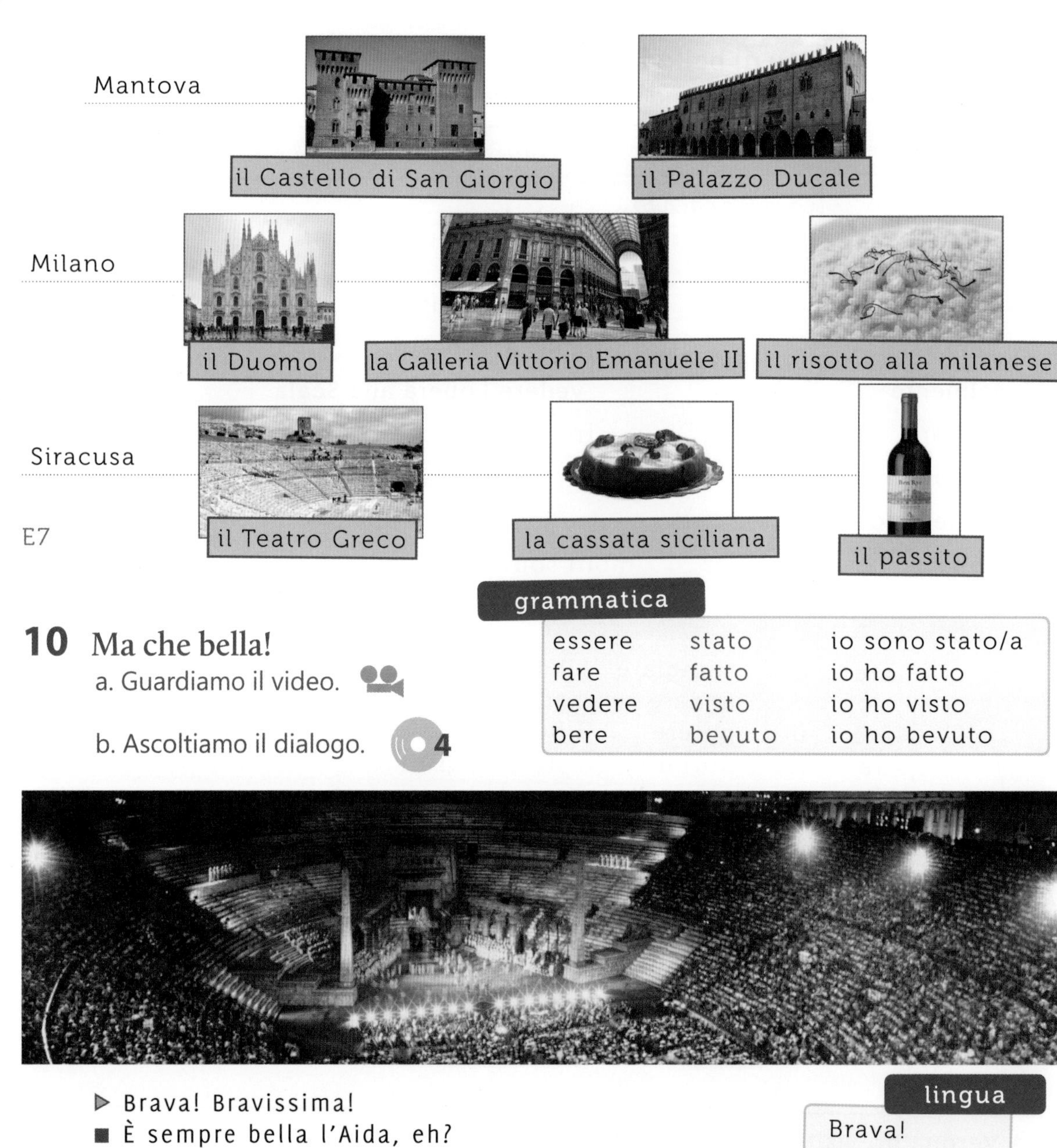

E7

grammatica

essere	stato	io sono stato/a
fare	fatto	io ho fatto
vedere	visto	io ho visto
bere	bevuto	io ho bevuto

10 Ma che bella!

a. Guardiamo il video.

b. Ascoltiamo il dialogo. 4

▷ Brava! Bravissima!
■ È sempre bella l'Aida, eh?
▷ Eh sì, meravigliosa. Così triste... ma che bella!

lingua
Brava!
Bravissima!

c. Scrivete gli aggettivi nelle due colonne, dividendoli tra positivi (+) e negativi (-).

E8-9

~~meravigliosa~~ allegra ~~triste~~ noiosa divertente bella rilassante brutta fantastica dolce

+	–
meravigliosa	triste

11 Quest'aria è meravigliosa!

Ascoltate e commentate queste arie d'opera con gli aggettivi di pagina 14. 5

lingua

Quest'aria è...
...triste ma bella.
...dolce e rilassante.
...meravigliosa!

E10

12 Mi rilasso un po'

Guardiamo il video.

a. Cerchiate quali cose avete visto nel video.

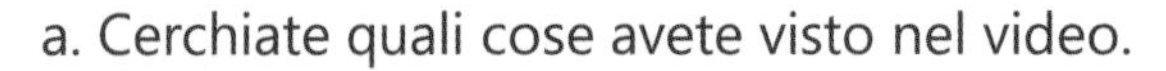

~~sofà~~ (sofà) giacca bagno pigiama tavolo sedia acqua

crema per le mani biscotti doccia frigo bicchieri tazze

b. Guardate ancora il video e mettete in ordine le seguenti scene.

....

c. Segnate chi dice queste frasi.

	lei	lui
1. Senti, io mi rilasso un po'.	☐	☐
2. Vuoi qualcosa da bere?	☐	☐
3. Hai mangiato qualcosa?	☐	☐
4. Com'è stata l'opera?	☐	☐
5. Vado a lavarmi i denti.	☐	☐
6. Domani a che ora ti alzi?	☐	☐

d. Scrivete l'espressione giusta sotto le immagini poi controllate. 

mettersi la crema ....

lavarsi i denti	rilassarsi	~~mettersi la crema~~
asciugarsi	leggere una rivista	togliersi le scarpe

....

e. Adesso dite e poi scrivete cosa fanno lui o lei in ogni scena.

1. Nell'ingresso lei si toglie le scarpe .
2. In soggiorno ....
3. In cucina ....
4. In bagno ....
5. In camera da letto ....

13 Completate con i pronomi riflessivi

Completate.

E11

rilassarsi

io	rilasso
tu	rilassi
lui/lei ...si...	rilassa
noi	rilassiamo
voi ...vi...	rilassate
loro	rilassano

~~si~~ mi ci ~~vi~~ si ti

Allegato 2a e 2b, pp. 113-114

14 Quando fai queste cose?

Guardate i verbi dell'allegato e di pagina 16 poi scrivete quando fate queste cose.

La mattina	Il pomeriggio	La sera	La notte
- mi sveglio alle 7	-	-	-
-	-	-	-
-	-	-	-
-	-	-	-

E12

15 La mattina di Flavio e Cinzia

Leggete i due racconti.

"La mattina per me è terribile, ho sempre sonno. La sveglia suona ma io mi alzo dopo mezz'ora. Prendo un caffè perché non ho tempo di fare colazione. In fretta mi lavo, mi vesto, prendo la mia borsa e le chiavi della macchina ed esco.
Prima di entrare in ufficio faccio colazione al bar."

"La mattina sono molto attiva. Quando suona la sveglia mi alzo subito e vado in bagno a lavarmi il viso. Poi vado in soggiorno per fare un po' di ginnastica. Prima controllo la posta sul cellulare e poi faccio colazione. Dopo mi faccio una doccia e mi preparo per uscire. Quando io esco, Flavio finalmente si alza!"

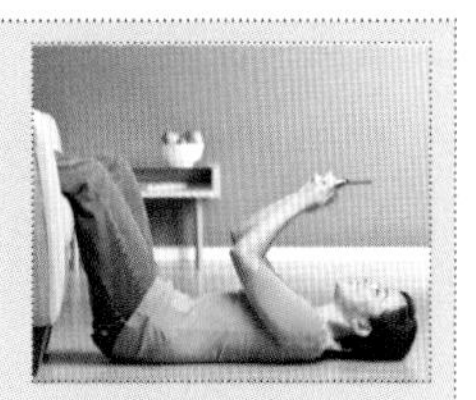

Tu sei come Flavio o come Cinzia? Cosa fai la mattina?

Parliamo con il compagno e poi con l'insegnante.

lingua
Prima di entrare...
Finalmente...

E13

16 Il teatro più antico e bello d'Europa

a. Leggete il testo.

"Non c'è nulla in tutta Europa...
gli occhi sono abbagliati, l'anima rapita..."
(Stendhal, 1817)

Il San Carlo, il teatro d'opera più antico d'Europa, è stato costruito nel 1737 dal Re Carlo di Borbone, desideroso di regalare a Napoli un teatro d'opera grande e sfarzoso. Con i suoi 3285 posti è ancora il teatro più grande d'Italia. Si trova nel cuore di Napoli, accanto a Piazza del Plebiscito e davanti al Caffè Gambrinus, un altro simbolo della storia napoletana.
Tutti i visitatori del teatro possono apprezzare la bellezza e l'acustica di questo teatro. Il San Carlo, come altri teatri d'opera, è a forma di ferro di cavallo, con la platea e cinque ordini di palchi più un loggione (il livello più alto e lontano dal palcoscenico). Al centro c'è il palco reale, il posto più elegante, un tempo riservato al Re. Oltre a vedere l'opera, il balletto e i concerti sinfonici, ogni domenica è possibile fare una visita guidata del teatro.

Il palco reale, il posto riservato al Re.

La vista dal palco reale: al centro il palcoscenico, ai lati i cinque ordini di palchi

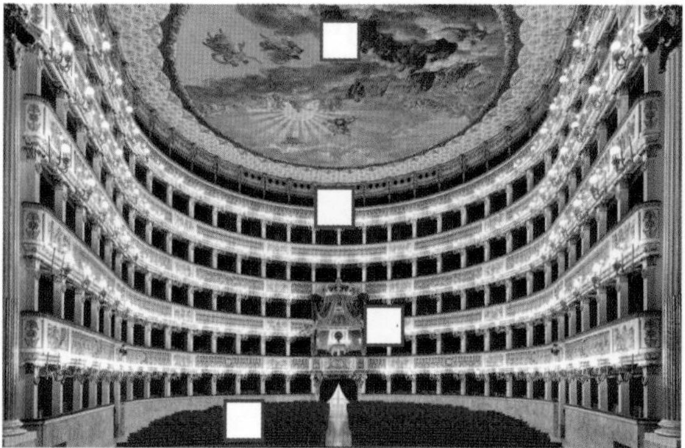

La vista dal palcoscenico: in basso la platea, al centro il palco reale e in alto il soffitto decorato

b. Cosa indicano queste parole in un teatro? Indichiamole nelle foto.

1. il palcoscenico
2. i palchi
3. il palco reale
4. la platea
5. il soffitto
6. il loggione

c. Rispondete alle domande.

1. Quando è stato costruito il teatro San Carlo? ....
2. Quanti posti ha? ....
3. Dove si trova esattamente? ....
4. Cosa possono apprezzare i visitatori? ....
5. Che forma ha il teatro? ....
6. Che spettacoli ci sono al San Carlo? ....

d. Cercate e scrivete tutte le espressioni con "il... più ...".

a. il teatro d'opera più antico d'Europa
b. ....
c. ....
d. ....

lingua
È Il teatro più antico d'Europa.
Si trova a Napoli.

E14-15-16

IN QUESTA UNITÀ

COMUNICARE 8

- In che regione è?
- È in Toscana.
- In che città è?
- È a Roma.

- Dove si trova?
- Si trova a Napoli.

- Dove ci vediamo?
- Davanti alla biglietteria.

- Ci vediamo alle sei?
- Benissimo!

- Tu cosa ti metti?
- Mi metto un vestito nero.

- Domani a che ora ti alzi?
- Mi alzo alle nove.

- Ma che bella!
- Quest'aria è meravigliosa!
- Triste ma bella.
- Dolce e rilassante.

- Bravissimo!
- Finalmente!

- Sono stato in Sardegna.
- Io ci sono stata tre anni fa.

- Non sono mai stato a Crotone.
- Neanch'io.

- Che cosa hai fatto di bello?

GRAMMATICA

verbi riflessivi

io	mi alzo	mi metto	mi vesto
tu	ti alzi	ti metti	ti vesti
Lei	si alza	si mette	si veste
lui/lei	si alza	si mette	si veste
noi	ci alziamo	ci mettiamo	ci vestiamo
voi	vi alzate	vi mettete	vi vestite
loro	si alzano	si mettono	si vestono

passato prossimo

mangiare	ho mangiato
andare	sono andato/a
potere	ho potuto
dormire	ho dormito
participi passati irregolari	
vedere	ho visto
essere	sono stato/a

preposizioni articolate

al - allo - all' - alla - ai - agli - alle

davanti al negozio - allo stadio - all'albergo - alla biglietteria

superlativo relativo

Il teatro più antico d'Italia.
L'hotel più elegante della città.
L'isola più grande del Mediterraneo.
La regione più piccola d'Italia.

superlativo assoluto

bravo --> bravissimo/a/i/e
bene --> benissimo

avverbi e espressioni di tempo

Prima mangio, poi/dopo mi lavo.
Prima di entrare in ufficio prendo un caffè.
Finalmente...
l'anno scorso
due anni fa

2. Dai, partiamo!

1 Mare o montagna?

Guardiamo il video.

2 In partenza!

Scrivete le espressioni dei riquadri sotto le immagini.

1

....

2

....

3

....

- lo zaino
- i panini
- la valigia
- la guida
- la macchina fotografica
- l'acqua

4

....

5

....

6

....

Cosa fanno gli italiani prima della partenza?
E tu di solito cosa fai il giorno della partenza?

Allegato 3, p. 119

E1

3 Vado a prendere la macchina

a. Guardiamo il video. 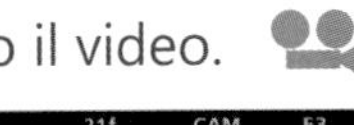

b. Segnate le cose che vedete con ☑.

- ☐ salame
- ☐ formaggio
- ☐ arance
- ☐ cucina
- ☐ camera
- ☐ Ferrari
- ☐ FIAT 500
- ☐ asciugamano
- ☐ costume da bagno
- ☐ crema solare
- ☐ valigia
- ☐ borsa
- ☐ zaino
- ☐ mappa
- ☐ guida
- ☐ telefono
- ☐ cellulare
- ☐ strada
- ☐ autostrada
- ☐ semaforo
- ☐ cartello

c. Guardate ancora il video e dite cosa fanno Gianni, Aldo e Marco.
Poi completate le frasi sotto usando questi verbi:

~~preparare~~ (2)- andare - sistemare - spegnere - passare - bere scrivere - chiudere (2) - tagliare - salutare - guidare - controllare

Cosa fanno Aldo, Gianni e Marco?

Gianni

prepara i panini.
prepara la borsa da mare.
.... una valigia.
.... l'aria condizionata.
.... il gas.
.... un messaggio.
.... la porta a chiave.

Marco

.... il latte.
.... le cose da fare.
.... Gianni e Aldo.

Aldo

.... il pane.
.... a prendere la macchina.
.... le borse in macchina.
.... la macchina.

4 Dov'è?

a. Guardate il video e formate le risposte con le espressioni a destra. 

■ Dov'è il prosciutto?
▷ ....
■ Dove sono le banane?
▷ ....

busta bianca | tavolo | sul | nella | frigo | in

b. Guardate la figura e, a coppie, chiedete e dite dove sono queste cose:

Dov'è il tostapane? — È accanto al microonde.
Dov'è il formaggio? — È in / nel frigo.

il tostapane - il formaggio
il microonde - i bicchieri
le arance - la pasta - il vino

grammatica

su + il = sul
in + il = nel
in + la = nella

E2-3

5 Ho già finito

a. Guardate il video e dite cosa fanno Gianni e Aldo.  

b. Leggete i dialoghi.

A
■ Hai finito di preparare i panini?
▷ Sì, ho già finito.
▷ No, non ho ancora finito.

B
■ Sei già andato/a a fare la spesa?
▷ Sì, ci sono già andato/a.
▷ No, non ci sono ancora andato/a.

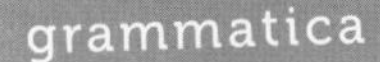

grammatica

Ho già finito.
Non ho ancora finito.

c. Con le espressioni qui sotto, a coppie fate dei dialoghi secondo i modelli sopra.

pranzare | cenare | finire di fare i compiti | telefonare a casa
cominciare a studiare per l'esame | partire | andare in Italia

comunicazione

- Mi passi le borse?
- Sì, ecco.
- Sì, un attimo.
- Sì, tieni.

- In bocca al lupo!
- Crepi!

lingua

Stai attento!
Stai tranquillo!

E4

6 Hai fatto tutto?

a. Guardate il video. 
Poi scrivete le domande come nell'esempio.

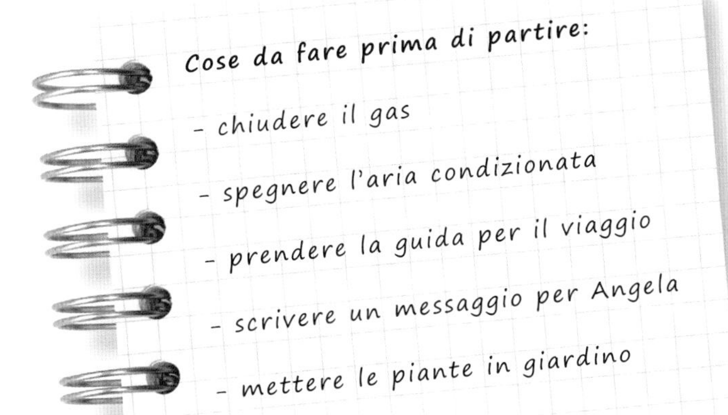

Es. *Hai chiuso il gas?*

- ....
- ....
- ....
- ....

preso - messo ~~chiuso~~ - spento - scritto

E5-6

b. Guardate ancora il video. 
A coppie fate dei dialoghi con le domande sopra e rispondete come Gianni.

7 Noi siamo partiti

Gianni ha scritto un messaggio per Angela.
Mettete nell'ordine giusto le frasi a destra e completate il messaggio di Gianni.

Ciao Angela,
noi siamo partiti

Ciao
Gianni

Stamattina ti ha telefonato tua madre

nel frigo ci sono delle cose da consumare

torniamo lunedì sera

ha detto che ti telefona ancora

~~noi siamo partiti~~

8 Completate con il passato prossimo

a. Completate con il passato prossimo.

comprare	*ho comprato*	prendere	....
spegnere	....	vedere	....
finire	....	mangiare	....
chiudere	....	avere	....
bere	....	andare	....
fare	....	stare	....
aprire	....	visitare	....

hai finito   sono stato/a   avete preso   ho mangiato   ha aperto
ho visitato   siamo andati/e   hai fatto   avete visto   ho spento
ha bevuto   ~~ho comprato~~   abbiamo chiuso   hanno avuto

b. Adesso completate i due schemi.

comprare	ho compr........
avere	hanno av........
finire	hai fin........

essere / stare	sono stat......./.......
andare	siamo andat......./.......

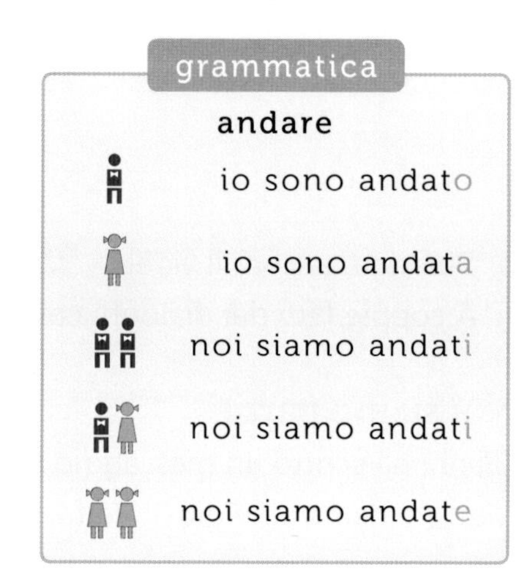

E7-8

9 Messaggi

Completate i messaggi con il passato prossimo dei verbi indicati.

Marco,
(prendere) .... io
lo zaino con i libri.
Ti aspetto all'università,
Federico

Ragazzi, (noi-andare)
.... a fare la spesa.
Torniamo verso le 6.
Un bacio,
mamma e papà

(io-andare)
....
dalla nonna.
Torno subito.
mamma

Federico, (noi-andare)
.... in pizzeria.
Se non (tu-mangiare) ....
ancora vieni anche tu.
mamma e Michela

Mamma scusa,
non (io-finire) .... di fare
tutti compiti... non (io-avere)
.... tempo!
Però ho comprato il latte!!
Michela

Allegato 4a e 4b, pp. 115-116

10 Mare e montagna in estate

Guardiamo il video.

a. Guardiamo le foto e leggiamo le espressioni.

Il mare azzurro della Puglia

prendere il sole

fare il bagno

giocare a pallavolo in spiaggia

giocare a carte

giocare a frisbee

fare un giro in barca

Le vette bianche della Valle d'Aosta

E9

fotografare animali

sciare

cercare fiori di montagna

fare una camminata nel bosco

fare trekking

b. Adesso parlate con un compagno.

mangiare la polenta

E tu, in estate, preferisci il mare o la montagna? Perché?

Che cosa ti piace fare?

Preferisci stare in albergo o in campeggio?

11 In albergo

Collegate le foto alle espressioni giuste.

balcone con vista

vasca da bagno

camera singola

camera doppia

camera matrimoniale

12 Una prenotazione on-line

Leggete questa pagina web e cercate tutte le parole che conoscete.

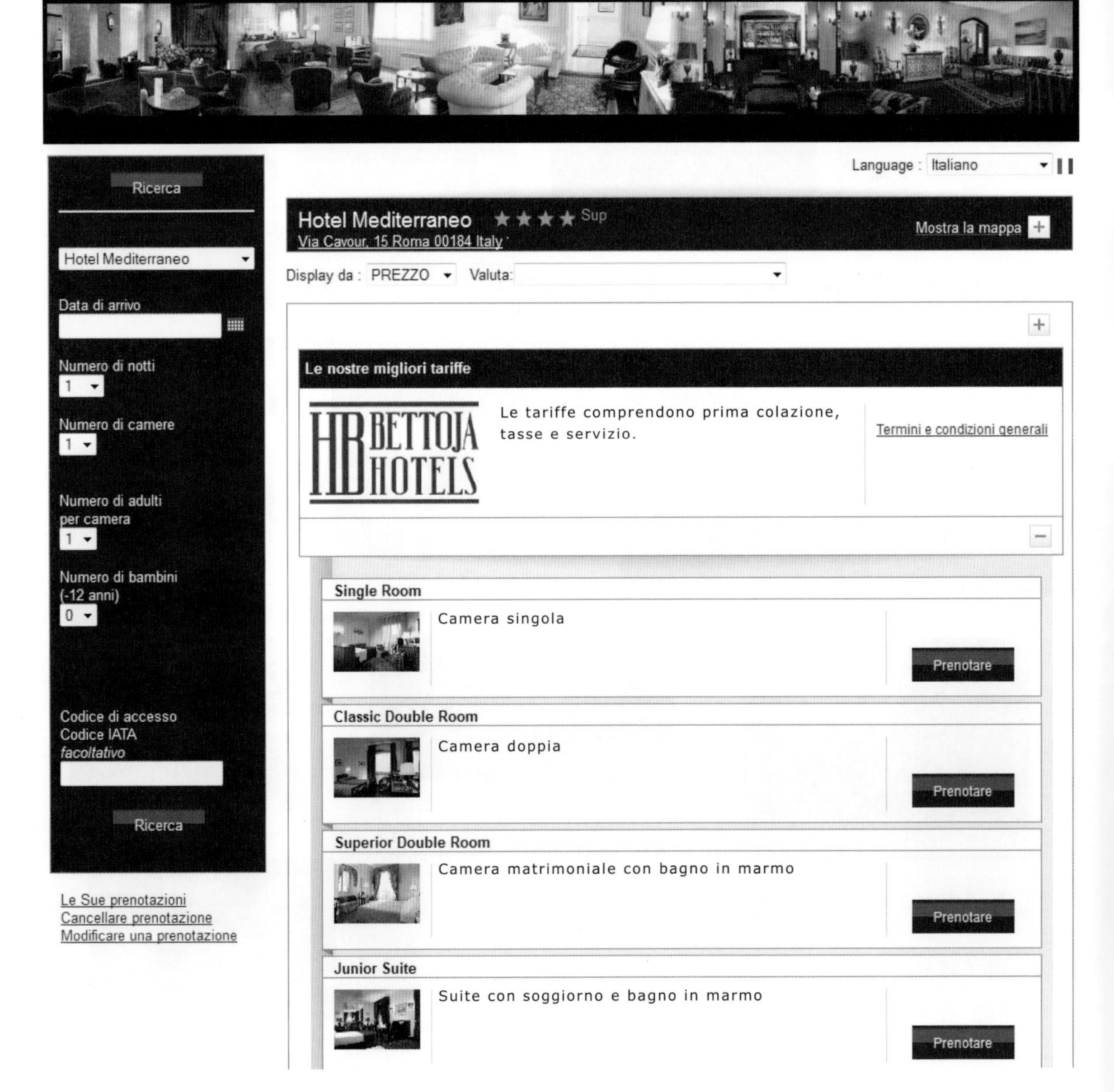

13 Ho una camera prenotata

a. Ascoltate il dialogo alla reception di un albergo.

b. Ascoltate ancora e segnate l'opzione giusta.

☐  ☐ 

☐  ☐ 

☐ 6:00 - 9:30

☐ 7:00 - 10:30

c. Ascoltate ancora il dialogo e completate.

■ Buonasera signore! Benvenuto all'Hotel Mediterraneo.

▷ Buonasera, ... prenotata a nome Marini.

■ Posso avere un documento, per favore?

▷ Sì, ... E senta, c'è anche ...., vero?

▷ E..., ... la colazione?

■ .... sette .... dieci e trenta.

▷ Dove?

■ Al .... piano.

grammatica

Dalle 7:00 alle 10:30.
Al primo piano.

14 Andiamo in albergo!

In coppia fate un dialogo alla reception di un albergo utlizzando le espressioni dei riquadri.

E10-11

receptionist

Hotel Atlantico
il passaporto
19:00-21:30
piano terra

cliente

una camera doppia
l'aria condizionata
la cena

15 Mi porti dei dolci tipici?

Guardiamo il video.

a. Completate il dialogo con le battute della mamma.

Mi raccomando, state attenti in macchina!
~~Ciao, tutto bene?~~
Beh, porta qualcosa anche per tua sorella, saluta tutti e chiama, eh!
Senti, mi porti dei dolci tipici dalla Puglia?
Magari anche delle olive...

■ Mamma!

▷ *Ciao, tutto bene?*

■ Sì, tutto bene. Abbiamo appena finito di caricare la macchina.

▷ ....

■ Sì, mamma... stai tranquilla, dai!

▷ ....

■ Dei dolci? Sì, va bene...

▷ ....

■ Anche delle olive? Altro?

▷ ....

■ Sì, mamma, sì. Ti saluto tutti. Ti chiamo quando torno, ok? Ciao mamma!

b. Adesso ascoltate e controllate. 10

lingua

Mi raccomando, state attenti!
Magari anche delle olive.

grammatica

Abbiamo appena finito.

i dolci	dei dolci
le olive	delle olive
gli zaini	degli zaini

tipico / tipica / tipici / tipiche

16 Trovate le parole

Inserite le parole nel riquadro giusto.

le olive - ~~i panini~~ - i dolci - le fotografie - gli zaini - le borse - gli amici
le studentesse - i turisti - le valigie - i libri - gli studenti - gli yogurt - i souvenir

i panini --> dei panini

dei	delle	degli
panini	....	....
....	....	....
....	....	....
....	....	....
....	....	....

17 Allora, com'è andata?

a. Gianni è tornato dalla Puglia. Ascoltiamo la telefonata.  11

b. Ascoltate di nuovo e segnate le espressioni che sentite.

- ☐ Siamo tornati ieri notte.
- ☐ E allora, com'è andata?
- ☐ Insomma...
- ☐ Il mare della Puglia è stupendo.
- ☐ Ho fatto un sacco di cose.
- ☐ Non si mangia molto bene.
- ☐ Passo più tardi da te.
- ☐ Devo andare dalla mamma.

comunicazione

- ■ Allora, com'è andata?
- • Benissimo! / Insomma... / Male!

grammatica E12-13

Il viaggio è andato molto bene.
La vacanza è andata benissimo.

da te = a casa tua
dalla mamma = a casa della mamma

lingua un sacco di fotografie

c. Ascoltate ancora e segnate con ✓ le risposte giuste.

Dalla Puglia Gianni ha portato

dolci tipici

olio

olive

taralli

	dolci tipici	olio	olive	taralli
alla mamma				
alla sorella				

18 Souvenir dall'Italia

Guardate le immagini e segnate i souvenir che vedete.  E14

SARDEGNA
una collana di corallo

☐

SIENA
il panforte

☐

VENEZIA
dei vetri di Murano

☐

GENOVA
le trofie e il pesto

☐

PUGLIA
le orecchiette

☐

MODICA
la cioccolata

☐

ERCOLANO
due cammei

☐

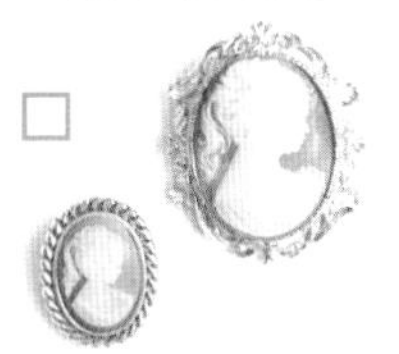

Immaginate di essere stati in questi posti e dite quali souvenir avete comprato. Utilizzate anche le espressioni del riquadro sotto.

a/in (gennaio)	il mese scorso	l'anno scorso	qualche anno fa	tre anni fa

19 Castelli in Italia

a. Leggete il testo.

L'Italia è un paese di castelli. In tutta la penisola, da nord a sud ci sono circa 800 castelli. Molti di questi sono castelli medievali costruiti per scopi militari e difensivi. Vediamo più da vicino due castelli un po' particolari.

b. Leggete la descrizione di uno dei castelli qui sotto.
Poi rispondete alle domande di un compagno.

In alto l'esterno del castello e a sinistra l'interno

Castel del Monte

Questo affascinante edificio si trova in Puglia, a circa 20 km da Andria. È stato costruito nel XIII Secolo per volere del Re Federico II.
Castel del Monte dal 1996 è un sito UNESCO ed è forse il castello più misterioso d'Italia. Infatti non è un forte militare ed è caratterizzato dalla forma a otto lati, con otto torri di otto lati e un cortile interno, anche questo di otto lati. Il numero 8 ricorre in tanti aspetti del castello e ciò aggiunge maggiore fascino al mistero.

1. Dove si trova esattamente il castello?
2. Chi lo ha fatto costruire? Quando?
3. Cosa ha di speciale?
4. Com'è il cortile interno?

Castello di Fénis

Questo bellissimo castello è situato nel cuore della Val D'Aosta, a pochi km da Aosta, il capoluogo di regione, ed è stato costruito nel XIV secolo da una famiglia di nobili di Aosta.
A differenza di altri castelli della Val D'Aosta, situati su una collina o in posizione elevata, Fénis si trova in pianura e non ha scopi militari o difensivi.
Il cortile del castello è un piccolo gioiello: le pareti sono completamente affrescate in stile gotico dell'epoca.

Il Castello di Fénis e sotto il cortile interno.

lingua

Federico II = Federico secondo
nel XIII secolo = nel tredicesimo secolo
nel XIV secolo = nel quattordicesimo secolo

E15-16-17

Conoscete i numeri romani?

c. Provate a scriverli con l'insegnante.

IN QUESTA UNITÀ

COMUNICARE

14

- ■ Mi passi le borse?
- ● Sì, ecco.
- ● Un attimo.
- ● Tieni.

- ■ Stai attento!
- ■ Stai tranquillo!

- ■ Ho una camera prenotata...

- ■ Posso avere un documento, per favore?
- ● Sì, ecco.

- ■ Senta, c'è l'aria condizionata?

- ■ A che ora è la colazione?

- ■ Dove?
- ● Al piano terra.
- ● Al primo piano.
- ● Al secondo piano.
- ● Al terzo piano.

- ■ Allora, come è andata?
- ● Benissimo! ● Insomma ● Male!

- ■ Mi raccomando, state attenti!

- ■ Magari anche delle olive.

- ■ Ho fatto un sacco di fotografie!

- ■ Passo più tardi da te.

GRAMMATICA

passato prossimo

Io ho già finito.
Lei non ha ancora finito.
Noi abbiamo appena finito.

Il viaggio è andato molto bene.
La vacanza è andata benissimo.

essere - stare - andare - tornare

(uomo)	sono	-o
(donna)	sono	-a
(uomini)	siamo	-i
(uomo e donna)	siamo	-i
(donne)	siamo	-e

preposizioni

sul tavolo - nel frigo - nella borsa
dalle 7:00 alle 10:30
al primo piano
dalla mamma = a casa della mamma
da te = a casa tua

participi passati irregolari

fare	fatto
essere / stare	stato/a/i/e
prendere	preso
bere	bevuto
vedere	visto
chiudere	chiuso
spegnere	spento

partitivi plurali

dei dolci - delle olive - degli zaini

aggettivi in –co / -ca

tipico / tipica / tipici / tipiche
antico / antica / antichi / antiche

avverbi e espressioni di tempo

ieri
tre giorni fa
la settimana scorsa
a/in (gennaio)
il mese scorso

qualche

qualche anno fa / settimana fa

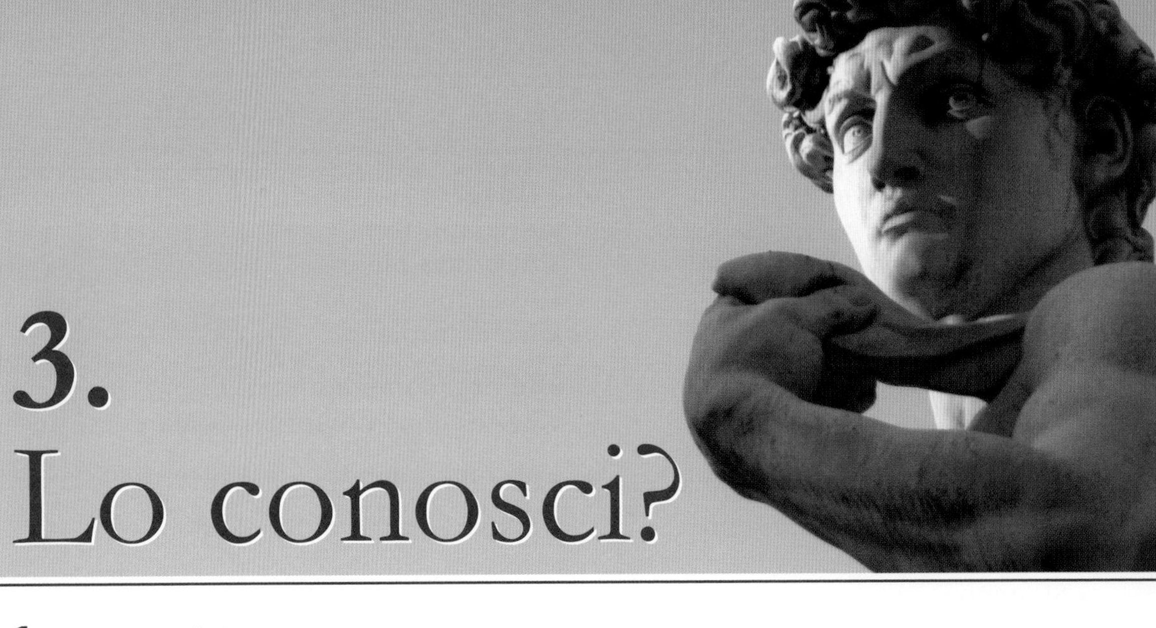

3. Lo conosci?

1 Sempre dritto

Abbinate le immagini alle espressioni nei riquadri.

☐ 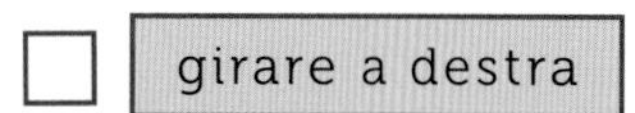

☐ 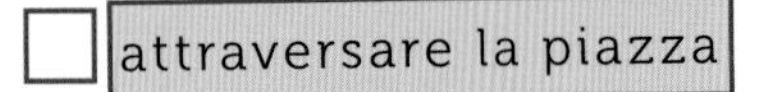

☐ 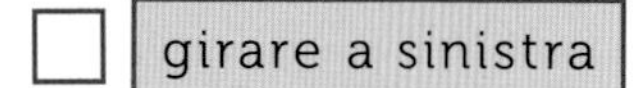

☐ 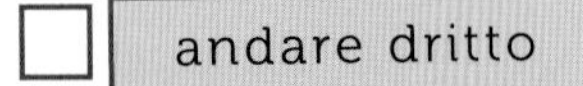

☐ passare l'incrocio

☐ 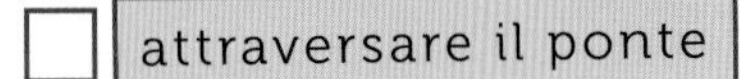

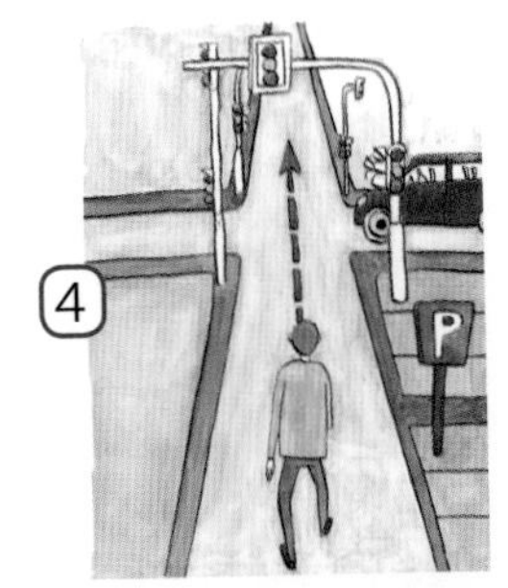

E1

2 A destra

a. Ascoltate. 15

b. Ascoltate ancora e collegate le immagini ai dialoghi.

☐

☐

1

☐

☐

3 Scusi, mi può dire dov'è Santa Maria in Trastevere?

a. Guardate le foto e a coppie descrivete posti, persone e situazioni.
Poi immaginate la storia.

b. Adesso guardiamo il video.
Segnate con ☑ quali cose, persone e posti avete visto.

☐ stazione	☐ tram	☐ edicola
☐ turista	☐ ragazzo	☐ metro
☐ zaino	☐ videocamera	☐ anziano
☐ taxi	☐ piazza	☐ buste di plastica
☐ tassista	☐ autobus	☐ ufficio turistico
☐ borsa	☐ ragazza	☐ mappa

c. Guardate ancora il video per controllare.
Poi provate ad abbinare i verbi del riquadro alle cose che avete visto sopra.

uscire   prendere   chiedere
attraversare   vedere   entrare   arrivare
portare   indicare   rispondere

E2

d. Adesso guardando il video raccontate la storia insieme all'insegnante. 

4 La conosce?

a. Guardate il video e a coppie completate il dialogo con le espressioni a destra.

Preferisco | dov'è | può prendere | la conosce

▷ Senta, scusi, mi può dire .... Piazza di Santa Maria in Trastevere?

■ È vicino l'Isola Tiberina, ...?

▷ No.

■ Allora... è un po' lontano. Lei .... o l'autobus, o la metro.

▷ .... prendere la metro, grazie. Scusi dov'è la stazione?

■ Più avanti, in Piazza della Piramide, lì sulla destra.

E3

lingua

Senta, scusi!
È sulla destra / sinistra.

grammatica

Sì, è vicino Piazza Piramide. La conosce?
Sì, è vicino il Museo Nazionale. Lo conosce?

comunicazione

■ Mi può dire dov'è la stazione?
• Sì, è vicino (a)...
• Mi dispiace, non lo so.

b. Chiedete e date indicazioni.
A coppie fate un dialogo come sopra tra un turista e un passante.

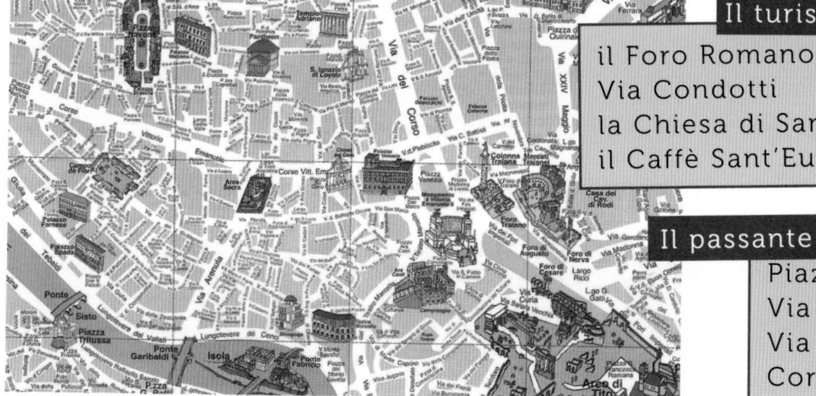

Il turista vuole andare a...

il Foro Romano
Via Condotti
la Chiesa di San Pietro in Vincoli
il Caffè Sant'Eustachio

Il passante dice che è vicino...

Piazza Venezia
Via del Corso
Via Nazionale
Corso Vittorio

5 Non lo so!

Abbinate le espressioni nei riquadri ai gesti.

non lo so! | a destra | dritto | allora...

6 Va sempre diritto e li vede...

a. Ascoltiamo. 16

Leggete e completate lo schema.

1. Sempre diritto, dopo il palazzo bianco... lo vede?
2. Allora, è vicino Piazza di Spagna... la conosce?
3. I Musei Vaticani sono vicinissimi, va sempre diritto e li vede.
4. Lei va diritto fino alle Terme di Caracalla, le conosce?

lo = *il palazzo bianco*	li =
la =	le =

b. Inserite le espressioni nello spazio giusto.

i Musei Vaticani	il Castello Sforzesco	questa canzone	le sorelle Vanni
i genitori di Martina	le trofie	il film Amarcord	la Basilica di San Francesco

Ieri ho visto ...., lo conosci?
Ieri ho visitato ...., lo conosci?

Ieri ho incontrato ...., li conosci?
Ieri ho visitato ...., li conosci?

Ieri ho visitato ...., la conosci?
Ieri ho ascoltato ...., la conosci?

Ieri ho mangiato ...., le conosci?
Ieri ho incontrato ...., le conosci?

E4-5

grammatica

Ho incontrato Alfredo, lo conosci?
Ho incotrato Elena, la conosci?
Ho incontrato Alfredo e Rocco, li conosci?
Ho incontrato Elena e Anna, le conosci?

c. Pensate a una città, un monumento, un piatto, un film o un libro italiani che conoscete e chiedete al compagno se li conosce, usando lo, la, li, le. Poi scrivete le domande.

Un anno fa a Firenze ho visitato il Giardino di Boboli, lo conosci?

....

....

....

....

7 Mi sono persa...

a. Guardate le immagini e leggete le battute.

grammatica

io	mi sono perso/a
tu	ti sei perso/a
Lei	si è perso/a
lui	si è perso
lei	si è persa
noi	ci siamo persi/e
voi	vi siete persi/e
loro	si sono persi/e

b. Completate le domande con i verbi al passato, come nell'esempio.

E6-7

Es. ■ Maria, (perdersi) ...*ti sei mai persa*... in Italia?
▷ Sì, ...*mi sono persa*... una volta a Venezia.

1. ■ Ragazzi, a che ora (alzarsi) .... stamattina?
▷ .... alle 9:00.

2. ■ Yuko, quando (iscriversi) .... per la prima volta al corso d'italiano?
▷ Mah... .... circa un anno fa.

3. ■ Roberto, (svegliarsi) .... presto stamattina?
▷ Eh, sì... .... alle 5:00. Oggi ho avuto tanto da fare.

4. ■ Ragazze, (divertirsi) .... in Italia?
▷ Sì, ... tantissimo!

c. Fate dei dialoghi con il compagno utilizzando i verbi tra parentesi del punto b.

8 E tu sei di Roma?

Guardate il video e poi leggete il dialogo tra le due ragazze. 

■ Di dove sei?
▷ Di Trieste.
■ Trieste! Non ci sono mai stata! Com'è?
▷ Bella! Si vive bene. E tu sei di Roma?
■ No, io sono siciliana, di Ragusa.
▷ Ragusa! Sì, la conosco. Una bellissima città.

9 Trieste e dintorni

Guardiamo il video.

Poi abbinate i nomi dei posti alle foto.

1. Piazza Unità d'Italia	2. la Grotta Gigante
3. il Castello di Miramare	4. un caffè storico
5. il Castello di Duino	6. il Teatro Verdi
7. la Cattedrale di San Giusto	8. il tram di Opicina

E8

10 Mi potrebbe dire...

a. Guardate queste fotografie e poi rispondete alle domande.

E9

James Joyce

Italo Svevo

Umberto Saba

[...] Trieste ha una scontrosa
grazia. Se piace,
è come un ragazzaccio aspro e vorace,
con gli occhi azzurri e mani troppo grandi
per regalare un fiore;
come un amore
con gelosia. [...]

(Umberto Saba)

1. Conosci i personaggi delle fotografie?	2. Ti piace leggere?
3. Chi è il tuo scrittore preferito?	4. Conosci scrittori o scrittrici italiani?

b. Leggete il testo.

Trieste ha dedicato a Saba, Svevo e Joyce delle statue in bronzo che meritano una visita. Disposte in tre punti del centro sono una buona occasione per una passeggiata per le vie della città.

c. Ascoltate e segnate dove sono le statue.  17

1. James Joyce | 2. Italo Svevo | 3. Umberto Saba

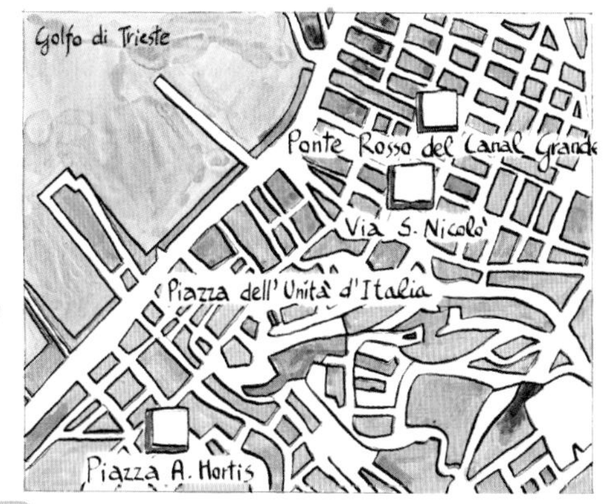

lingua

Mi potrebbe dire dov'è la statua di Saba?
Mi può dire dove si trova la statua di Svevo?

grammatica

scrittore --> scrittrice
autore --> autrice

Allegato 5a e 5b, pp. 117-118

3

11 Che vento!

a. Osservate la foto e poi provate a rispondere alla domanda.

Sapete come si chiama il vento di Trieste?

Bora | Scirocco | Eolo

b. Adesso guardate il video e controllate. 

12 Che tempo fa oggi?

a. Guardiamo le immagini e leggiamo insieme.

c'è il sole

è nuvoloso

piove

nevica

lingua

Oggi fa bel tempo.
Fa brutto tempo.

Le quattro stagioni

la primavera

l'estate

l'autunno

l'inverno

b. Parlate della vostra stagione preferita con un compagno.

Qual è la tua stagione preferita?

Perché?

Mi piace ... perché ...

E10

13 Com'è il tempo in Giappone?

a. Utilizzando le espressioni dei riquadri e di p. 38, dite com'è il tempo in Giappone.

in primavera / in estate / in autunno / in inverno
a gennaio / a giugno
a Tokyo / a Okinawa / in Hokkaido

fa caldo

fa freddo

c'è vento

ci sono i tifoni

c'è molta umidità

b. Adesso dite cosa si fa in primavera o in un'altra stagione in Giappone.

E11-12

andare a vedere le foglie d'acero

andare a vedere i ciliegi in fiore

andare a una festa tradizionale

andare a vedere i fuochi d'artificio

grammatica

molto vento — molta umidità
molti tifoni — molte nuvole

molto bello / bella / belli / belle
piove molto / mi piace molto l'estate

14 Sai che tempo fa domani?

a. Guardate le immagini.
Cosa pensano queste persone?

Secondo lei...

Secondo lui...

b. Adesso ascoltate e controllate. 18

15 Ora lo so!

Guardiamo il video e leggiamo la conversazione. 

■ Senta, ho chiesto. Ora lo so! [...]
Allora, Lei attraversa il ponte, va sempre dritto, dopo il fiume Tevere, e poi chiede indicazioni.

16 Scusa, sai dov'è?

a. Guardiamo il video e completiamo la conversazione con le espressioni. 

Certo | scusa | dov'è

▷ Senti, ...!
■ Sì, prego.
▷ Sai .... Santa Maria in Trastevere?
■ .... Ma è un po' difficile da spiegare.

b. Provate a inserire i seguenti interrogativi nei dialoghi.

dove - che - perché - a che ora - come - con chi

A ■ Scusi, sa .... ore sono? • Sono le 4:30.
B ■ Scusa, sai .... abita Simona? • Sì, abita con il suo ragazzo.
C ■ Scusa, sai .... sta Massimo? • No, ma forse adesso sta meglio.
D ■ Scusa, sai .... lei studia l'italiano? • Sì, le piace la cucina italiana.
E ■ Scusi, sa .... parte il treno per Lecce? • Alle 12:25.
F ■ Scusa, sai .... abita Simona? • Sì, abita a Trieste.

c. Adesso ascoltate e controllate le risposte.  19

E13

Tu sai... ?

A coppie fate domande con "Sai...?" come nei dialoghi sopra.

17 Posso vedere la mappa?

a. Guardiamo il video e completiamo la conversazione con le espressioni. 

ti accompagno
certo
gentilissima
posso vedere

■ .... la mappa?
▷ Sì, ...
■ Allora, noi siamo qui! Tu giri a destra in questa strada. La vedi? Poi giri a sinistra [...] Senti, ...
▷ Grazie, sei ....

b. A coppie leggete i dialoghi.

chiedere il permesso di fare qualcosa	rispondere
Posso vedere la mappa? Possiamo vedere la mappa?	Sì, prego. Sì, certo. Sì, ecco.

chiedere un favore a qualcuno	rispondere
Mi puoi/può/potete dire dov'è?	Sì, certo.

18 Posso o Puoi? 20

Scegliete la forma giusta da inserire davanti alle domande qui sotto, poi ascoltate il CD e dialogate come negli esempi A e B, usando le espressioni del riquadro.

1. Mi ....puoi.... prestare 20 euro?
2. ....Posso.... usare il tuo cellulare?
3. .... aiutarmi?
4. .... presentarmi la tua amica italiana?
5. .... venire in Italia con te?
6. .... accompagnarmi alla stazione?
7. Ho caldo, ... aprire la finestra?
8. Non ho soldi, ... offrirmi il pranzo?
9. .... telefonarti stasera? Devo parlarti.
10. Non capisco, ... parlare più piano?
11. .... usare Internet?
12. .... fare una domanda?

A

■ Scusa, mi puoi aspettare dopo la lezione?

▷ Sì, certo.

▷ No, mi dispiace, devo andare / non posso / non ho tempo.

B

■ Scusa, posso usare la tua macchina?

▷ Sì, certo / non c'è problema.

▷ No, mi dispiace.

lingua

Mi puoi aspettare?/Puoi aspettarmi?

E14-15

19 Le stazioni dell'arte del metrò di Napoli

a. Guardiamo il video. Poi leggete il testo.

Metro Art Tour è un'occasione di viaggio inedita, tra arte e architettura. Ogni martedì alle ore 10.30 cittadini e turisti possono partecipare alle visite guidate gratuite di 1 ora alla scoperta delle "Stazioni dell'Arte" della metropolitana di Napoli. L'appuntamento è alla stazione Museo della Linea 1 per poi proseguire verso Dante e Università.

Il ricco patrimonio di arte contemporanea delle stazioni del metrò di Napoli è un vero e proprio museo aperto a tutti. Gli spazi, funzionali ed eleganti, progettati da architetti di fama internazionale, accolgono oltre 180 opere di 90 prestigiosi autori di tutto il mondo.

b. Adesso cercate nella mappa le stazioni della Linea 1 citate nel testo.

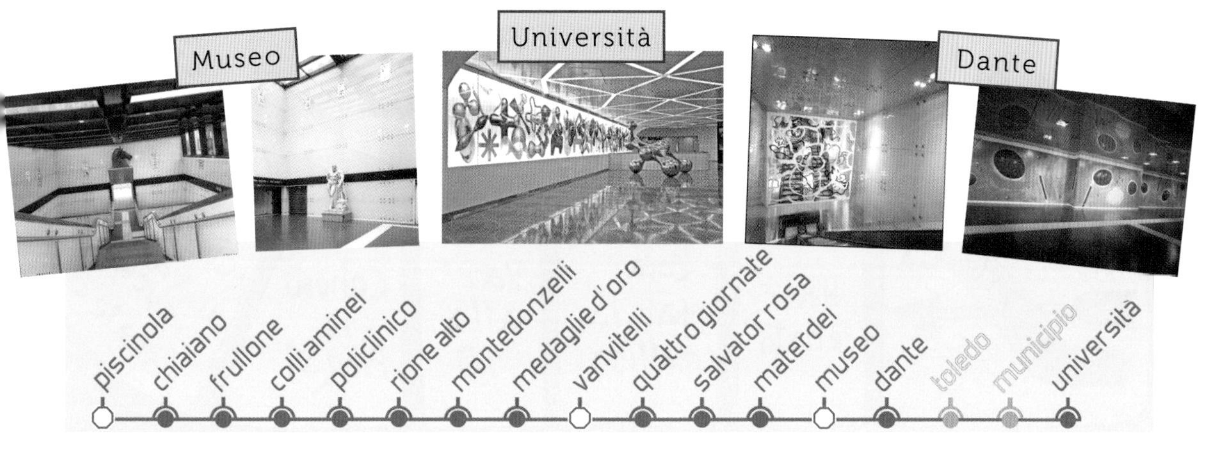

Il gioco dell'Oca

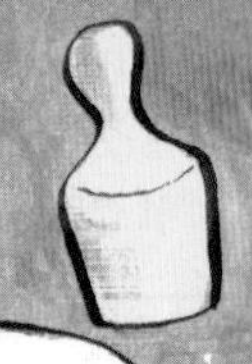

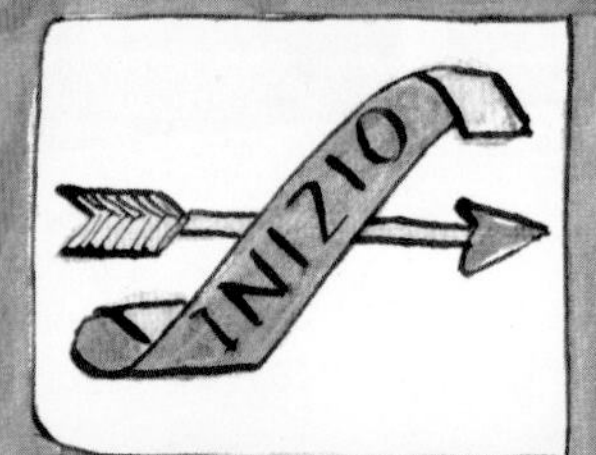

1 Hai cenato?

2 Cosa fai la mattina?

3 Vai alla 10

Conosci la Bora?

5 Dove sei stato/a in vacanza questa estate?

6 Scegli 3 souvenir dall'Italia

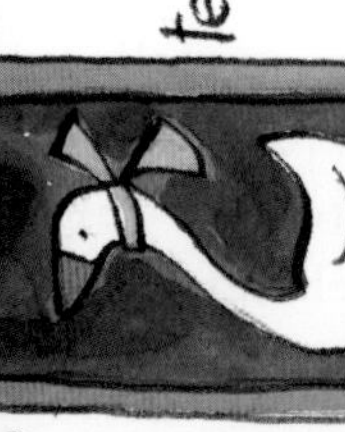

8 Che tempo fa oggi?

9 Salta 3 caselle

10 Ieri hai studiato?

11 Torna alla 2

12 Com'è andato il fine settimana?

14 Sei mai stato/a in Sardegna?

15 Sai dov'è il bagno?

16 Torna alla 7

17 Qual è la tua stagione preferita?

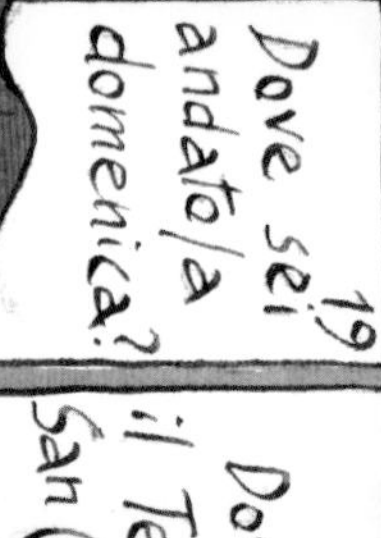

19 Dove sei andato/a domenica?

20 Dov'è il Teatro San Carlo?

21 Cosa fai prima di dormire?

23 Per venire a scuola prendi il treno?

24 Mi puoi telefonare stasera?

25 Conosci Pinocchio?

26 Che cosa fai prima di partire per una vacanza?

27 Rimani fermo/a un turno

28 Cosa porti in vacanza?

30 Dov'è il Museo degli Uffizi?

31 Cosa hai fatto ieri?

Hai vinto

IN QUESTA UNITÀ

COMUNICARE 22

- ■ Senta, scusi, sa dov'è la stazione?
- ● Sì, è vicino Piazza di Spagna.
- ● Mi dispiace, non lo so.

- ● È vicino Piazza Piramide. La conosce?
- ● È vicino il Museo Nazionale. Lo conosce?

- ■ Mi potrebbe dire dov'è la stazione?
- ■ Mi può dire dove si trova la stazione?

- ■ Puoi dirmi dov'è? / Può dirmi dov'è?
- ● Sì, certo.

- ■ Posso vedere la mappa?
- ● Sì, prego. / Sì, certo. / Sì, ecco.

- ■ Ti posso offrire il pranzo?
- ● Sì, grazie!

- ■ Puoi aiutarmi?
- ● Sì, non c'è problema.
- ● No, scusa, mi dispiace, devo andare./non posso./ non ho tempo.

- ■ Mi sono perso!
- ■ Mi sono persa!

- ■ Che tempo fa oggi?
- ■ Com'è il tempo?
- ● Fa bel tempo.

- ■ Sai che tempo fa domani?
- ● Domani piove.

GRAMMATICA

pronomi diretti

È vicino a Piazza Colonna. La conosce?
È vicino al Museo Nazionale. Lo conosce?
È vicino alle due torri. Le conosce?
È vicino ai Musei Vaticani. Li conosce?

È vicino al museo.
È vicino il museo.

nomi in -tore

-tore	-trice
scrittore	scrittrice
autore	autrice
pittore	pittrice

passato prossimo dei verbi riflessivi

io	mi sono svegliato/a
tu	ti sei svegliato/a
Lei	si è svegliato/a
lui	si è svegliato
lei	si è svegliata
noi	ci siamo svegliati/e
voi	vi siete svegliati/e
loro	si sono svegliati/e

Stamattina Franca si è svegliata tardi.
Noi ci siamo divertiti molto.

molto

aggettivo		avverbio
molto vento	molta umidità	molto bello / bella / belli / belle
molti tifoni	molte nuvole	piove molto / mi piace molto l'estate

4. Ti telefono!

1 A me piace l'arte moderna

a. Inserite nello spazio giusto le espressioni del riquadro.

cinema e teatro
....
....
....
....

~~balletto~~	stadio	edificio	ballare	quadro	calcio
concerto	essere tifoso (di)	affresco	commedia	opera	
mosaico	film	Serie A	Festival del Cinema	cantare	

arte e architettura
....
....
....
....

musica e danza
balletto
....
....
....

sport
....
....
....
....

E1

b. Dite a un compagno cosa vi piace e quali sono i vostri interessi.

A me piace lo sport. | E a te? | A me invece piace il cinema. | Anche a me.

2 Abitudini italiane

a. Leggete e immaginate.

Secondo voi

In Italia ...
quando si va al cinema?
chi va allo stadio a vedere una partita di calcio?
in estate dove si va a vedere film e spettacoli teatrali?
cosa si fa prima dello spettacolo o dopo lo spettacolo?

b. Adesso parlate con la classe e l'insegnante.

3 Spettacoli all'aperto

a. Descrivete le foto.

Dove sono queste persone? Che cosa fanno? Che stagione è?

1

2

3

E2

b. Adesso leggete e poi abbinate le descrizioni alle foto.

☐ Prima o dopo lo spettacolo si va a bere qualcosa al bar o a mangiare un gelato, sempre e rigorosamente all'aperto.

In estate molte compagnie teatrali mettono in scena i loro spettacoli nel parco di una villa antica o sul magico palcoscenico di un teatro romano. ☐

☐ Cinema all'aperto, cinema sotto le stelle. Da giugno a settembre in tutta Italia si organizzano rassegne cinematografiche all'aperto, nei suggestivi scenari delle piazze italiane.

4 E da voi?

Rispondendo alle domande raccontate all'insegnante cosa si fa nel vostro paese.

Quando si va al cinema? | Ci sono spettacoli all'aperto in estate? Quali?

Che cosa si fa prima e dopo lo spettacolo?

E3

5 Cosa stai facendo?

a. Guardate e descrivete le foto. Poi immaginate cosa fa dopo questa persona.

b. Guardate il video.

c. Guardate ancora il video e descrivete le scene.

d. Guardate la scena e scrivete il dialogo con le espressioni nei riquadri. 

Adesso sto passeggiando, e tu?

Ciao, Luisa. Dove sei?

Io sono già a Milano, in Piazza Duomo.

Che cosa stai facendo?

Marta

Luisa

6 Ti telefono!

Guardate il video. Poi completate il dialogo. 

▷ Che cosa stai facendo?
■ Adesso sto passeggiando. E tu?
▷ .... a posto i vestiti di mio marito.
■ Ah, è tanto che non vedo tuo marito, come sta?
▷ Sta bene, grazie. È in bagno, sta facendo la doccia... forse ha finito. ....
■ No no, non lo disturbare. Magari dopo .... o .... un messaggio.
▷ Ok, senti tra poco mi vesto ed esco. Ci vediamo tra 40 minuti in Piazza Duomo?
■ Va bene, perfetto, ...
▷ Va bene, se non ti vedo ....

gli telefono | ti telefono | gli mando | Lo chiamo? | Sto mettendo | ti aspetto!

E4-5

comunicazione

- Cosa stai facendo?
- Sto stirando.
- Mah, non sto facendo niente di particolare.

grammatica

stirare	stirando
prendere	prendendo
partire	partendo
fare	facendo

io	sto	
tu	stai	
Lei	sta	
lui/lei	sta	lavorando
noi	stiamo	
voi	state	
loro	stanno	

7 Sta stirando

a. Cosa sta facendo? Scrivete cosa sta facendo questa donna.

pulire - ~~stirare~~ - fare la spesa - mettere in ordine - stendere il bucato

1

3

5

2

4
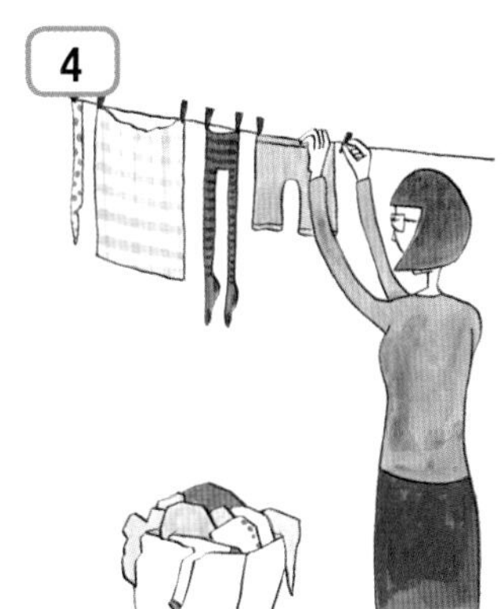

1. *Sta stirando.*
2. ....
3. ....
4. ....
5. ....

E6-7

b. Rispondete alle domande.

E tu? Cosa stai facendo adesso?
E i tuoi compagni?
E l'insegnante?
Vi state divertendo a lezione?
Di cosa state parlando?

Allegato 6, p. 120

8 Gli telefono domani

a. Leggiamo.

lingua
Gli telefono.
Lo chiamo.

grammatica
gli telefono = telefono a lui
le telefono = telefono a lei
lo chiamo = chiamo lui
la chiamo = chiamo lei

E8

b. Rispondete utilizzando le espressioni dei riquadri.

La chiamo io!

No, non ancora, gli telefono domani con calma.

Sì, adesso lo chiamo e gli faccio gli auguri.

Non ancora, ma la chiamo tra poco e le dico tutto.

Sì, lo so, adesso le telefono e le faccio gli auguri.

1. Hai già telefonato a Mario?

....

2. Hai parlato con Arianna?

....

3. E Franca? Chi la chiama?

....

4. Mamma, oggi è il compleanno della nonna.

....

5. Sai che Mario si sposa?

....

9 Artisti italiani del '900

Osserviamo queste opere famose. Conoscete gli artisti che le hanno dipinte?

a. A coppie osservate questo quadro che raffigura il Caffè Greco a Roma e dite cosa stanno facendo le persone ritratte.

Esempio:
In basso a destra, due donne stanno parlando.

"Caffè Greco", (1976), Renato Guttuso (1911-1987)

b. Osservate il quadro di De Chirico e dite nome e colore di oggetti e cose.

"Piazza d'Italia con sole spento" (1971), Giorgio De Chirico (1888-1978)

"Elasticità" (1912), Umberto Boccioni (1882-1916)

c. In questo quadro del futurista Boccioni potete trovare i colori scritti nel riquadro?

rosso - bianco - blu - viola - verde - nero

d. Leggete gli aggettivi qui sotto. Quali potete usare per descrivere i quadri che avete visto?

fantasioso - realistico - colorato - suggestivo - astratto - dinamico - futurista - metafisico

e. In questa lista di artisti del '900, sottolineate quali sono artisti italiani.

Modigliani - Picasso - Ligabue - Matisse - Depero Pellizza da Volpedo - Morandi - Marini - Fontana

10 Il '900 italiano in un museo

a. Guardiamo le immagini. Che posto è? Dov'è? Che cosa c'è? Parlatene a coppie e poi con l'insegnante.

Camminare nel '900. Dentro il museo

"Natura morta con manichino" (1919)
Giorgio Morandi (1890-1964)

"Forme uniche della continuità nello spazio" (1913)
Umberto Boccioni (1882-1916)

b. Leggete il testo e rispondete alle domande.

E9

Il più moderno museo italiano

Il Museo del Novecento è un museo assolutamente unico. Inaugurato nel dicembre del 2010, ospita una collezione di circa 400 opere tra pitture, sculture e opere di vario genere come il "Soffitto di luci" di Lucio Fontana, al quarto piano del museo. Il Museo si trova a Milano, nel Palazzo dell'Arengario, nella centralissima Piazza Duomo, e vi sono esposte opere di diversi periodi e di diverse correnti artistiche che hanno segnato la storia del '900, a cominciare dal futurismo di Umberto Boccioni e dalla pittura metafisica di Giorgio de Chirico e Giorgio Morandi. Sul sito web del museo (www.museodelnovecento.org) oltre a trovare tutte le informazioni che si desiderano su orari, mostre ed eventi, si può anche effettuare un affascinante Tour Virtuale del Museo.

1. Quando ha aperto il Museo del Novecento?

2. Dove si trova esattamente?

3. Quante e che tipo di opere si possono ammirare?

4. Quali artisti sono nominati nel testo e che cosa si dice di loro?

5. Che cosa offre il sito web del museo?

11 Opere del Novecento

Scrivete il titolo delle opere accanto al numero. Poi descrivete le opere.

"Bagni misteriosi" (1973) | "Struttura al neon per la IX Triennale di Milano" (1951) | "Il Quarto Stato" (1901)

1. ...

Pellizza da Volpedo (1868-1907)

2. ...

Giorgio De Chirico (1888-1978)

3. ...

Lucio Fontana (1899-1968)

12 Visita al museo

a. Guardate il video e segnate i commenti di Marta e di Luisa con M o L. 

Luisa Marta

- È veramente un po' misterioso. ...
- Il Quarto Stato è un quadro molto famoso. Lo conosci? ...
- Ha delle forme incredibili. Sembra un alieno. ...
- Rappresenta lo sciopero dei lavoratori. ...
- Originale, no? ...
- Se non sbaglio, quest'opera è del 1912. ...
- Questa è sulle monete da 20 centesimi. ...
- Mi piacciono molto le forme e i colori. ...

b. Tu quali opere vorresti vedere? Perché?
Guardiamo le immagini.

13 Ci incontriamo in piazza!

Guardiamo il video.

a. Scrivete sotto i fotogrammi prima, poi, dopo, infine in base all'ordine delle scene.

....

b. Raccontate la storia aiutandovi con le espressioni dei riquadri.

prima infine poi dopo	Marta Marta e Luisa le tre amiche	ricevere un messaggio da Roberta andare a pranzo insieme incontrarsi in piazza uscire dal museo

c. Adesso leggete il messaggio di Roberta e poi scrivete cosa fanno le tre amiche utilizzando le espressioni nei riquadri.

1. Prima Marta e Luisa ....
....
2. ....
....
3. ....
....
4. ....
.... a pranzo insieme.

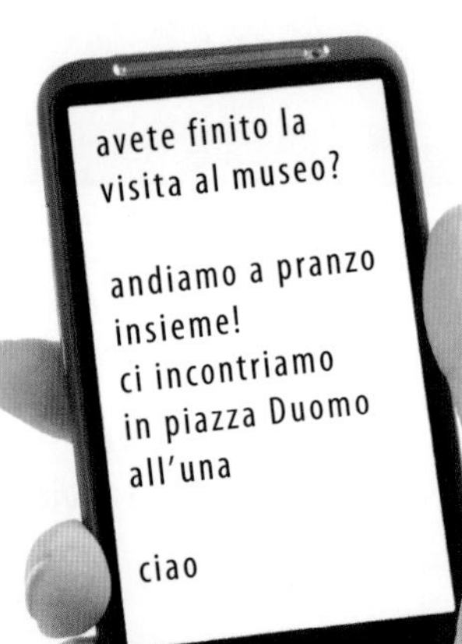

d. Ascoltate e completate il dialogo. 

■ Roberta, mi ha mandato un messaggio. Andiamo a pranzo insieme.

▷ Sì, perfetto! E... dove ....?

■ .... in piazza Duomo!

E10-11

grammatica

incontrarsi

noi	ci incontriamo
voi	vi incontrate
loro	si incontrano

Loro cosa fanno? ....

Si danno la mano.

E i giapponesi come si salutano?

14 Dove vi incontrate?

a. Ascoltate le interviste. 

b. Ascoltate ancora e completate la tabella.

	esce spesso?	con chi?	dove si incontrano?
1	*Sì, quasi tutti i giorni.*		
2			
3			

c. Ascoltate e completate.

■ E con chi?

▷ Con i miei .... Siamo un bel gruppo, ...

sempre ....

È bello perché non abbiamo bisogno di darci .... , basta andare in piazza e .... quasi sempre qualcuno!

grammatica

tutti i giorni = ogni giorno
tutte le sere = ogni sera

E12

15 E tu?

Fate queste domande ad alcuni compagni di classe e rispondete.

E13

Esci spesso?

Preferisci uscire durante il giorno o la sera ?

Ti piace uscire?

Cosa fai quando esci la sera?

Cosa fai quando esci in estate?

Preferisci uscire in inverno o in estate?

Dove incontri gli amici?

Cosa fai quando esci in inverno?

Di solito con chi esci?

I Navigli di Milano

16 Piazze italiane

a. Guardate le immagini e dite quali piazze riconoscete. 

"Mi riposo in Piazza del Duomo.
Invece di stelle ogni sera s'accendono parole".
(Saba, Il Canzoniere, 1961)

b. Leggete e completate il testo con le espressioni nei riquadri.

Venezia	concerti	Piazza Navona	all'aperto	tutte le	bere

L'Italia, terra delle 100 città e dunque delle 1000 piazze. E anche più di mille, se contiamo, accanto alle piazze grandiose e monumentali, come Piazza San Marco a ...., ... a Roma e Piazza del Plebiscito a Napoli, le moltissime altre piazze sparse in .... regioni d'Italia.
Le piazze d'Italia raccontano la storia del popolo italiano: storia di feste sacre e profane, di celebrazioni religiose e popolari, di parate, di grandi commerci e fiere. Ancora oggi le piazze italiane accolgono mercati, sagre, spettacoli teatrali e .... E per gli italiani la piazza rimane sempre il luogo ideale per un appuntamento o per fermarsi a .... un aperitivo o mangiare qualcosa insieme, seduti al tavolino di un bar ....

Piazza San Marco - Venezia

Piazza Navona- Roma

Piazza del Plebiscito - Napoli

Piazza Duomo - Trento

Piazza dell'Anfiteatro - Lucca

Piazza Duomo - Lecce

E i giapponesi dove si incontrano?

E15

In questa unità

Comunicare 27

- ■ A me piace lo sport.
- ● Anche a me.
- ● A me invece piace il cinema.

- ■ Quando si va al cinema?
- ■ Cosa si fa dopo lo spettacolo?
- ■ In estate si mangia all'aperto.

- ■ Cosa stai facendo?
- ● Sto passeggiando.
- ● Non sto facendo niente di particolare.

- ■ Cosa sta facendo Silvia?
- ● Sta mettendo in ordine.

- ■ Cosa state facendo?
- ● Stiamo pulendo la casa.

- ■ Ti aspetto!
- ● Se non ti vedo ti telefono!

- ■ Lo chiamo?

- ■ Originale, no?
- ● Sì, molto.

- ■ Dove vi incontrate?
- ● Ci incontriamo in piazza.

Grammatica

pronomi indiretti

io	mi
tu	ti
Lei	Le
lui	gli
lei	le

Io telefono a lui.
Io gli telefono.

Io mando un messaggio a lei.
Io le mando un messaggio.

pronomi diretti

io	mi
tu	ti
Lei	La
lui	lo
lei	la

Io aspetto lui.
Io lo aspetto.

Io aspetto lei.
Io la aspetto.

dare

io	do	noi	diamo
tu	dai	voi	date
lui/lei	dà	loro	danno

gerundio

-are	-ando
-ere / -ire	-endo
fare	facendo

riflessivi reciproci

noi	ci incontriamo
voi	vi incontrate
loro	si incontrano

stare + gerundio

Che cosa stai facendo?
Sto cucinando.
Che cosa sta facendo Luisa?
Sta mettendo a posto.
Che cosa stanno facendo?
Stanno dormendo.

tutti/tutte + articolo determinativo

tutti i giorni = ogni giorno
tutti gli studenti = ogni studente
tutte le sere = ogni sera

non ... mai / niente

Non bevo mai il caffè.
Non sto facendo niente.

5. Che romantico!

1 Messaggi d'amore

Leggiamo i messaggi d'amore.

ti aspetto
da sempre!

x sempre
ti amo!

2 Se faccio tardi ti scrivo

a. Leggete i messaggi e poi collegateli alla risposta giusta.

A che ora ci vediamo stasera?

Sono arrivato. Ti aspetto giù.

Ciao! dove ci vediamo?

Oggi non posso :- (domani?

Arrivo!

Alle 8 ok? Se faccio tardi ti scrivo. Baci

Domani non posso io. Ci sentiamo domenica ;-)

Ti aspetto davanti alla pizzeria. A dopo :-)

b. Secondo voi che cosa significano queste faccine?

felice	arrabbiato	triste	sorpreso

:-) = ... :-(= ....

:-0 = ... :-@ = ...

E1

3 Mi aspetti giù?

a. Guardate le foto, descrivete persone, luoghi e situazioni e immaginate la storia.

b. Guardiamo il video.

Adesso raccontate la scena usando i verbi e le parole del riquadro.

scrivere - mettere - partire - andare da - chiamare - scendere - abbracciarsi dare - messaggio - casco - scooter - cioccolatino - gelato

c. Guardate ancora la scena per controllare.

Secondo voi i due ragazzi dove vanno a prendere un gelato?

E2-3

☐ in una gelateria in centro ☐ in un supermercato ☐ in un parco

4 Ho un bacio per te

a. Guardate i messaggi e completate con i pronomi a destra.

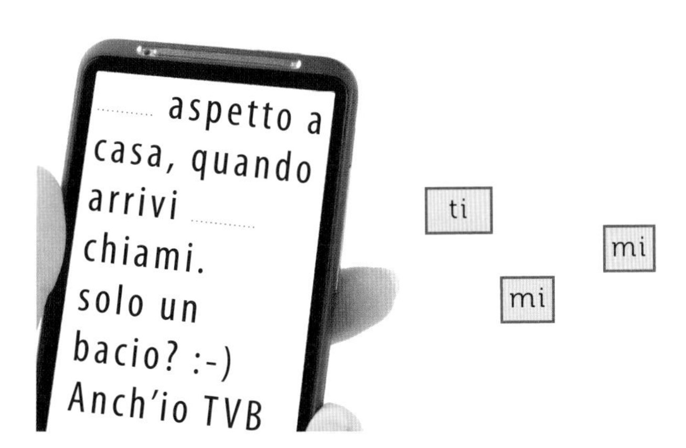

b. Guardate ancora il video.

Cosa significa TVB?

☐ Ti voglio baciare ☐ Ti voglio bene ☐ Ti vedo bene

Potete immaginare cosa significa questa espressione?

5 Dove mi porti?

Guardate il video.

Poi completate il dialogo con le espressioni sotto.

voglio	ti porto	ti ho chiamato

■ ragazza ▶ ragazzo

■ Senti, dove mi porti oggi?

▶ .... a prendere un bel gelato. Ti va?

■ Ah ah! Sì, certo!

▶ Perché ridi?

■ No, è che .... prima.

▶ Lo so, ero in motorino.

■ Ti volevo dire che oggi .... proprio prendere un gelato.

▶ Allora ti porto in un posto speciale!

E4

6 Dov'eri?

a. Ascoltate i dialoghi. 

A

■ Poco fa ti ho telefonato. Dov'eri?

▶ Scusa, ero in motorino. Perché?

■ Ti volevo dire che oggi voglio mangiare un gelato.

B

■ Un'ora fa ti ho telefonato. Dov'eri?

▶ Scusa, ero in ufficio. Perché?

■ Ti volevo chiedere se oggi mi porti al cinema.

comunicazione

- Dov'eri?
- Ero in motorino.

grammatica

	essere	volere
io	ero	volevo
tu	eri	volevi
lui/lei	era	voleva

E5

b. A coppie fate quattro dialoghi come sopra cambiando le espressioni sottolineate con le espressioni qui sotto.

1. Dieci minuti fa - in treno - dire che oggi non posso cenare con te
2. Mezz'ora fa - sotto la doccia - dire che domani non posso uscire con te
3. Stamattina - in ufficio - chiedere se mi porti al cinema
4. Poco fa - in giardino - chiedere dove andiamo stasera

7 Io prendo un gelato con...

a. Guardiamo il video. 

b. Guardate ancora il video, poi leggete il dialogo tra i ragazzi e il cameriere.

□ Buonasera.
■ ▷ Buonasera.
□ Cosa prendete?
▷ Allora, io prendo un gelato con fragola, pistacchio...
■ E vaniglia!
▷ E stracciatella.
■ Anche a me, grazie.
□ Va benissimo.
■ ▷ Grazie.

E6

c. Indovinate il gusto dei gelati nella foto.

limone
fragola
pistacchio
caffè
bacio
nocciola
yogurt
stracciatella

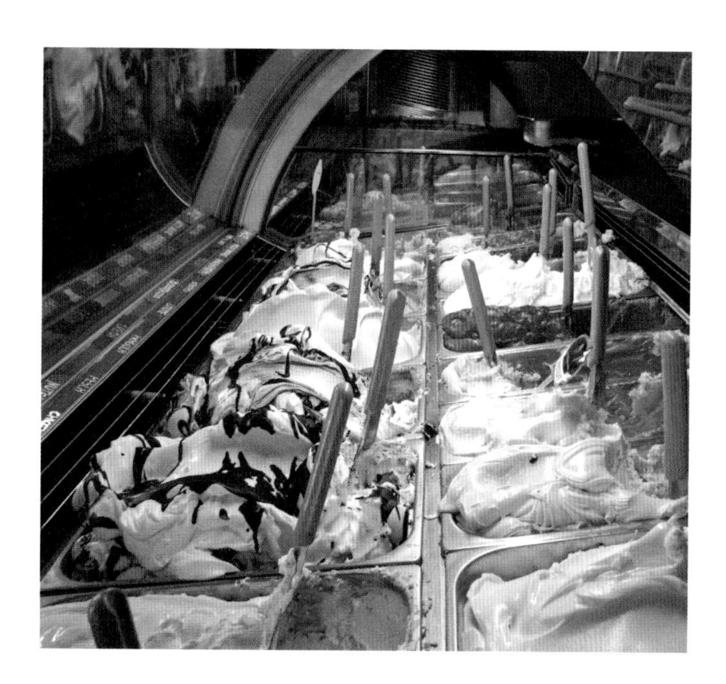

Ti piace il gelato? Qual è il tuo gusto preferito?

8 Gli telefoniamo!

Guardate il video. Poi leggete il dialogo sotto. 

▷ Roberta e Mario sono sempre in ritardo.
■ Senti, gli telefoniamo? O gli mandiamo un messaggio?
▷ No, gli telefoniamo! [...] Li chiamo io.

E7

grammatica
Gli telefoniamo.
Li chiamo.

9 Vi aspettiamo

Guardate il video. Poi leggete il dialogo sotto.

▶ Ciao, dove siete?
▷ Noi siamo ancora a casa. Siamo un po' in ritardo... ci aspettate lì?
▶ Sì, sì, no, vi aspettiamo. Ma... quando arrivate?
▷ Veramente non lo so... per le sette? Sette e mezza?
▶ No, guarda, facciamo così. Ci vediamo direttamente davanti alla pizzeria... alle 8. Sì!
▷ Sì. Forse è meglio. A dopo. Ciao ciao.

E8

10 Li aspettiamo o gli telefoniamo?

a. Ascoltate e completate con i pronomi dei riquadri. 29

vi | li | gli | la | vi | le | le | gli

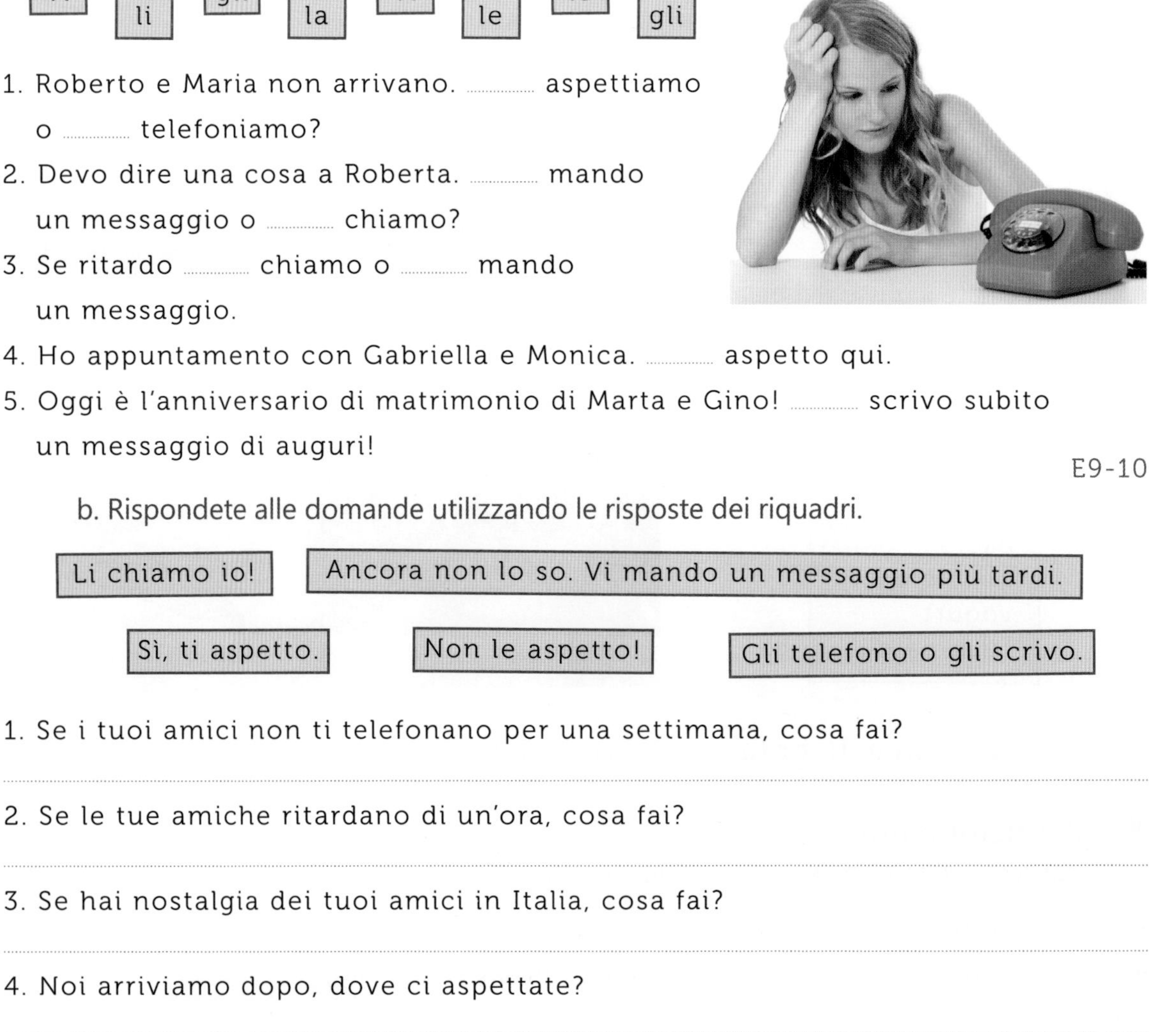

1. Roberto e Maria non arrivano. .... aspettiamo o .... telefoniamo?
2. Devo dire una cosa a Roberta. .... mando un messaggio o .... chiamo?
3. Se ritardo .... chiamo o .... mando un messaggio.
4. Ho appuntamento con Gabriella e Monica. .... aspetto qui.
5. Oggi è l'anniversario di matrimonio di Marta e Gino! .... scrivo subito un messaggio di auguri!

E9-10

b. Rispondete alle domande utilizzando le risposte dei riquadri.

Li chiamo io! | Ancora non lo so. Vi mando un messaggio più tardi. | Sì, ti aspetto. | Non le aspetto! | Gli telefono o gli scrivo.

1. Se i tuoi amici non ti telefonano per una settimana, cosa fai?
....
2. Se le tue amiche ritardano di un'ora, cosa fai?
....
3. Se hai nostalgia dei tuoi amici in Italia, cosa fai?
....
4. Noi arriviamo dopo, dove ci aspettate?
....
5. Ciao amore, sono in ritardo, mi aspetti?
....

c. Riflettiamo.
Quali pronomi si possono utilizzare con questi verbi? Scriveteli nei rispettivi riquadri.

~~li~~ - ~~gli~~ - ti - la - ci - ti - vi
lo - vi - le - mi - ci - mi - le

li .... aspettare chiamare ....

gli .... telefonare mandare un messaggio scrivere un'e-mail ....

11 Saluti all'italiana

a. Guardate il video. Come si salutano i quattro amici?
Collegate le espressioni alle foto.

darsi la mano - abbracciarsi - darsi un bacio sulla guancia

....

b. Guardate ancora la scena e con le espressioni del riquadro dite come si salutano i quattro amici.

12 E voi?

Come vi salutate quando incontrate gli amici? Rispondete usando le espressioni qui sotto.

dipende...	se siamo vecchi amici...	se ci vediamo dopo tanto tempo...
qualche volta...	se ci vediamo spesso...	quando ci incontriamo...

13 Ci vediamo tutti i giorni! 

Ascoltiamo.

a. Ascoltate ancora e completate la tabella.

E11

Come si chiamano?	Francesco e Alice	Riccardo e Caterina
Quanti anni hanno?		
Da quanto tempo stanno insieme?		
Quando si vedono?		
Cosa fanno insieme?		
Cosa gli/le regala?		

b. Leggete il blog di Valerio e provate a dargli dei consigli.

Ciao a tuttiiii!!!
Ieri io e il mio amore abbiamo festeggiato 4 mesi insieme! Che bello, sono felicissimo!!! Siamo stati al mare e ci siamo divertiti un sacco (ma tanto io sto sempre bene quando sono con lei!). La amo da morire, lei è tutta la mia vita!!! È sempre nei miei pensieri, dalla mattina alla sera e quando litighiamo per qualsiasi cosa sto malissimo. Ho sempre paura di perderla. Il fatto è che quando siamo da soli va tutto bene e lei è dolcissima, ma quando siamo con gli altri amici mi sembra distante e fredda... e poi io sono geloso se parla con gli altri ragazzi. Mio fratello continua a ripetermi: "Guarda che se continui così prima o poi ti lascia! Sei troppo geloso. Dovresti essere meno possessivo!". Ragazzi, aiuto! Che devo fare? Aspetto i vostri consigli!!

14 Allora mi dai il bacio?

Guardiamo il video.

a. Provate anche voi a leggere i messaggi dei cartigli.

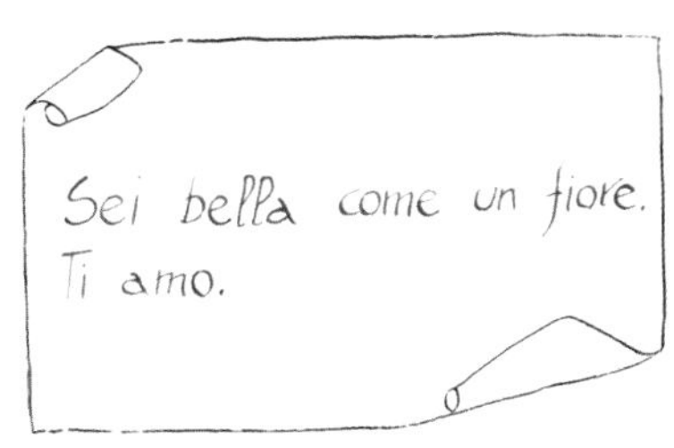

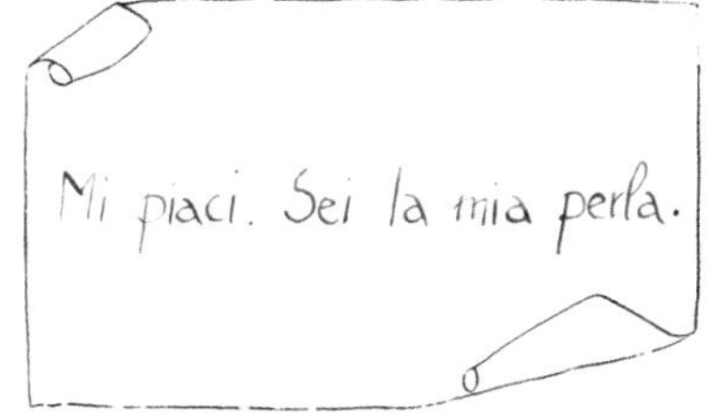

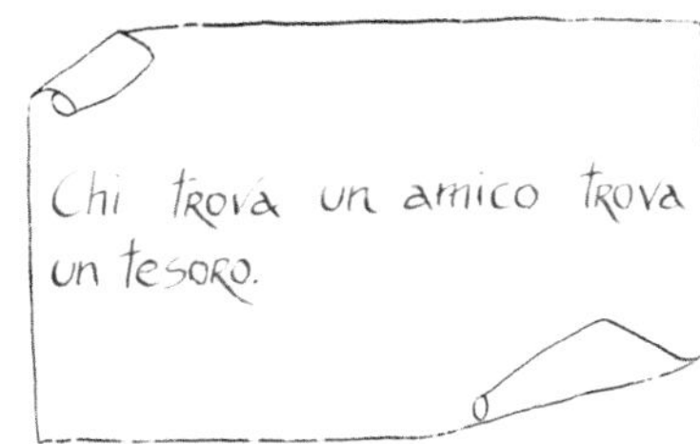

b. Adesso completate il cartiglio con le espressioni giuste. Poi scrivetene un altro.

il sole | bello | ti amo | dolce | il miele

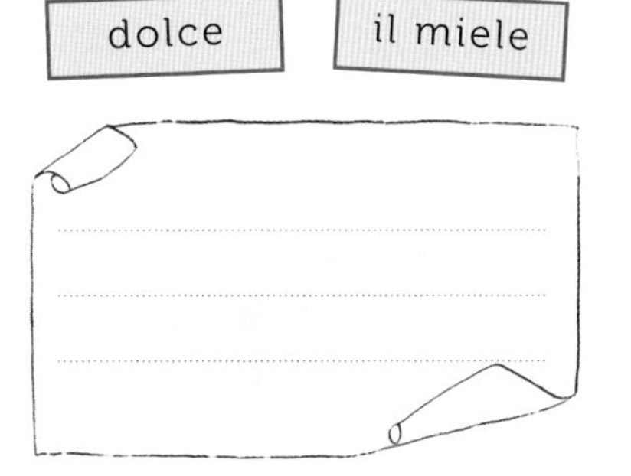

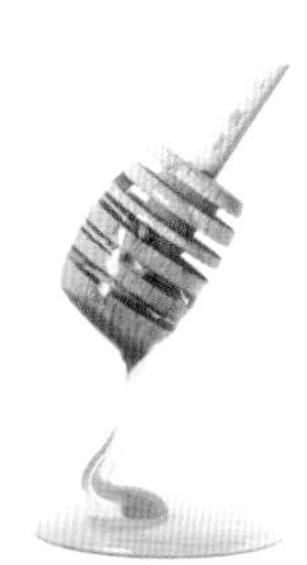

lingua

Bello come il sole.
Dolce come il miele.

15 Bello come il sole!

Completate le metafore aiutandovi con le parole illustrate.

E12-13

aspetto fisico	carattere
Bello come il sole.	Dolce come il miele.
Bella come un fiore.	Buono come ....
Brutto come	Curioso come ....
Magro come	Furbo come ....

16 Il cioccolato, che passione!

Guardate il video e segnate le espressioni che sentite. 

☐ dolce ☐ amaro ☐ piccante ☐ afrodisiaco ☐ fondente

E a te piace il cioccolato?
Preferisci il cioccolato al latte o quello fondente?

17 San Valentino

a. Leggete il testo.

La festa di San Valentino è il 14 febbraio ed è conosciuta e festeggiata in tutto il mondo. Questa tradizione è stata diffusa dai monaci benedettini, per commemorare il ricordo del Santo Valentino (Terni 176-Roma 14 febbraio 273), detto anche San Valentino da Terni. Ma perché San Valentino è considerato il Santo protettore degli innamorati? Secondo la leggenda un giorno Valentino, durante una passeggiata, vede un ragazzo e una ragazza che litigano; va allora verso di loro con una rosa e li invita a tenere la rosa nelle loro mani unite: così i giovani si riconciliano e chiedono a Valentino di sposarli. In Italia San Valentino si trascorre con la persona amata, normalmente la sera si va al ristorante e poi al cinema o a fare una passeggiata. Gli innamorati si scambiano regali e biglietti d'amore: attenzione quindi! Fare un regalo per San Valentino ha un significato molto speciale!

b. Unite le parti di destra con quelle di sinistra.

La festa di San Valentino	è considerato il protettore degli innamorati.
San Valentino	si trascorre con il partner.
San Valentino da Terni	si festeggia a febbraio.
In Italia San Valentino	gli innamorati si scambiano regali.
In Italia a San Valentino	è festeggiato in tutto il mondo.

18 Terni e San Valentino

Leggete il testo.

A Terni, per tutto il mese di febbraio ci sono tantissimi eventi religiosi, culturali, musicali e sportivi: gli "Eventi Valentiniani", dedicati al santo dell'amore. Anche per questo, Terni è una meta privilegiata di tutte le coppie di innamorati di qualsiasi età e provenienza. Qui nelle foto alcuni degli Eventi Valentiniani:

DAL 5 AL 28 FEBBRAIO

"Una cascata d'amore". Visite guidate lungo il percorso della Cascata delle Marmore con citazioni e poesie celebri sul sentimento dell'amore.

Eventi Valentiniani
TERNI Città dell'Amore

DAL 10 AL 14 FEBBRAIO

"Due cuori e un camper". Raduno nazionale di camperisti e campeggiatori nei luoghi naturali più belli vicino a Terni.

DAL 10 AL 14 FEBBRAIO

"Cioccolentino". Mostra mercato dove poter assaggiare il cioccolato in tutte le versioni per dolcezze fino a tarda notte.

E14 A quale di questi eventi vorresti partecipare? Perché? Immagina lo svolgimento dell'evento che hai scelto.

19 La vera pizza italiana

a. Leggete il menu delle pizze e scrivete il nome sotto la foto corrispondente.

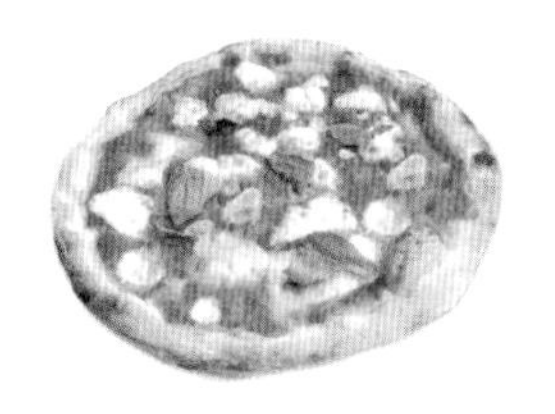

....

....

Margherita
pomodoro, mozzarella, basilico

Diavola
pomodoro, mozzarella, salame piccante

Quattro stagioni
pomodoro, mozzarella, funghi, carciofini, prosciutto cotto, olive nere

Quattro formaggi
mozzarella e altri tre formaggi

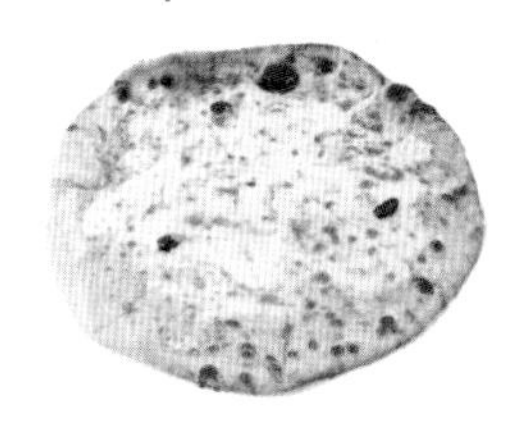

....

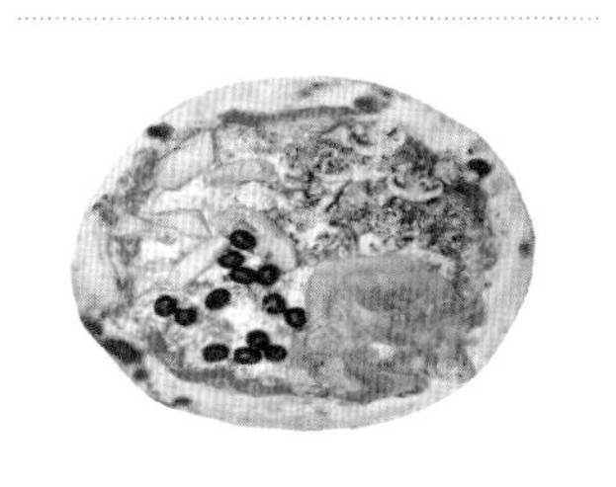

....

b. Perché si chiama così? Collegate.

Si chiama		
	Margherita	perché è piccante.
	Quattro formaggi	perché è dedicata alla regina Margherita.
	Quattro stagioni	perché è fatta con quattro formaggi diversi.
	Diavola	perché è in quattro parti con ingredienti diversi.

Capricciosa
pomodoro, mozzarella, funghi, carciofini, prosciutto cotto, olive

Calzone
pomodoro, provola, ricotta, prosciutto cotto

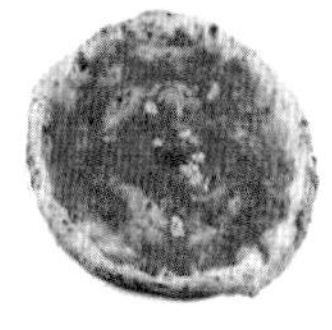

Marinara
pomodoro, aglio, origano

20 Adoro il formaggio!

Ascoltate e segnate la risposta giusta.  31

	VERO	FALSO
Lui adora il formaggio.	☐	☐
Lei prende un calzone.	☐	☐
Lui prende una diavola.	☐	☐

E a te piace la pizza?
Di solito che pizza prendi?
Quale pizza non hai mai mangiato? Quale vorresti assaggiare?

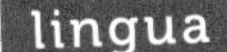

lingua
Adoro il formaggio!
Ho voglia di una bella pizza!

comunicazione
■ Io prendo una margherita.
• Io invece un calzone.

E15

21 Chi trova un amico trova un tesoro

L'amicizia, come l'amore, è un sentimento molto importante.
A coppie leggete cosa hanno scritto alcuni autori italiani riguardo all'amicizia.

L'amicizia è una forma di amore... (Francesco Alberoni)

Le amicizie non si scelgono a caso... (Alberto Moravia)

L'amicizia è uno dei sentimenti più belli da vivere perché dà ricchezza, emozioni, complicità, e perché è assolutamente gratuita. (Susanna Tamaro)

Nell'amico c'è qualcosa di noi, un nostro possibile modo di essere... (Andrea De Carlo)

Amico è con chi puoi stare in silenzio. (Camillo Sbarbaro)

22 E per te? Com'è il tuo amico ideale?

A coppie rispondete alle domande aiutandovi con gli aggettivi dei riquadri.

educato | gentile | permaloso | intelligente | egoista

elegante | bello | buono | brutto

cattivo | ricco | generoso | sincero | avaro

Per te è importante l'amicizia?
Hai molti amici?
Pensa a un tuo amico. Com'è?
E tu? Che tipo di amico sei?
Come deve essere il tuo "amico ideale"?
E come non deve essere?

lingua

Per me un amico
deve essere sincero
e non deve essere egoista.

E16-17-18

IN QUESTA UNITÀ

COMUNICARE

34

- Sono arrivato. Ti aspetto giù.
- Arrivo.

- A che ora ci vediamo stasera?
- Alle 8 va bene? Se faccio tardi, ti chiamo.

- Dove mi porti?
- Ti porto a prendere un gelato.
- Ti ho telefonato. Dov'eri?
- Ero in motorino.

- Cosa volevi dirmi?
- Ti volevo chiedere se oggi mi porti al cinema.

- Roberto e Maria non arrivano.
- Li aspettiamo o gli telefoniamo?

- Ci aspettate?
- Sì, vi aspettiamo.

- Dovresti essere meno possessivo.
- Non dovresti essere così gelosa.
- Secondo me sei troppo geloso.

- Bella come il sole.
- Dolce come il miele.

- Adoro il formaggio!

- Io prendo una margherita.
- Io invece un calzone.

- Per me un amico deve essere sincero e non deve essere egoista.

GRAMMATICA

pronomi diretti

io	mi	(=me)
tu	ti	(=te)
lui	lo	(=lui)
lei	la	(=lei)
Lei	La	(=Lei)
noi	ci	(=noi)
voi	vi	(=voi)
loro	li/le	(=loro)

pronomi indiretti

io	mi	(=a me)
tu	ti	(=a te)
lui	gli	(=a lui)
lei	le	(=a lei)
Lei	Le	(=a Lei)
noi	ci	(=a noi)
voi	vi	(=a voi)
loro	gli	(=a loro)

informale	ti chiamo	ti telefono
formale	La chiamo	Le telefono

imperfetto

	essere	volere
io	ero	volevo
tu	eri	volevi
Lei	era	voleva
lui/lei	era	voleva

avverbi

Sei troppo geloso.
Lei è troppo buona.
Siete troppo simpatici!
Anna e Sara sono troppo carine!

6. Cosa gli regaliamo?

1 Che cos'è?

Guardate le immagini. Poi collegate le foto alle descrizioni.

1. la FIAT 500

2. la poltrona Frau

3. la Vespa

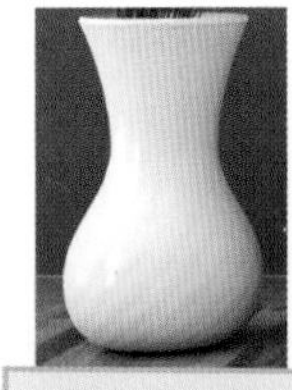

4. il vaso

☐ Spesso è sul comodino accanto al letto o su un mobile del soggiorno. Se è molto alta sta per terra. Si accende e si spegne.

☐ C'è in ogni cucina italiana. Si usa la mattina appena svegli o subito dopo pranzo. Il modello originale è esposto al MOMA di NY.

☐ È di pelle, comoda e ha uno stile senza tempo. Famosa in tutto il mondo come simbolo del design italiano.

☐ Serve per metterci i fiori ma se ha una bella forma, anche vuoto è un classico oggetto di arredamento. Famosi in tutto il mondo quelli di vetro di Murano.

☐ È intramontabile. Piccola ma confortevole e con interni di design innovativo. Ideale per girare e parcheggiare in città.

☐ È un mito per molti italiani. Compare spesso nel cinema non solo italiano, come nel celebre film americano Vacanze Romane.

5. la Moka

6. la lampada

E1

2 Mi piace questa tazza gialla

a. Leggete il nome dei colori. Poi rispondete alla domanda.

rosso · azzurro · giallo · nero

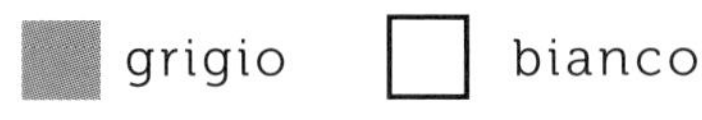

grigio · bianco · verde · arancione

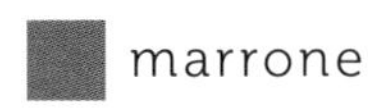

marrone · rosa · viola · blu

Qual è il tuo colore preferito?

> **lingua**
> A me piace il (colore) rosso.
> Io amo il blu e l'arancione.

b. Guardate questi oggetti e dite quali vi piacciono come nell'esempio sotto.

portacenere azzurro

tavolo arancione

cornice marrone

tazza gialla

sedie verdi

piatti rossi

> Mi piace questa tazza gialla.
> Mi piacciono questi piatti rossi.

E2

E tu hai oggetti di design italiano? Che cosa? Prova a descriverli.

> **grammatica**
> rosso - rossa - rossi - rosse
> verde - verdi

3 Cosa gli regaliamo?

Ascoltate e segnate le espressioni che sentite.  35

- ☐ Domani è il mio compleanno.
- ☐ Gli compriamo un bell'oggetto per la casa.
- ☐ Cosa gli regaliamo?
- ☐ Ah, bella idea!

E3

4 Cerchiamo un regalo di compleanno

Abbinate i nomi degli oggetti alle foto. Poi guardate il video. 

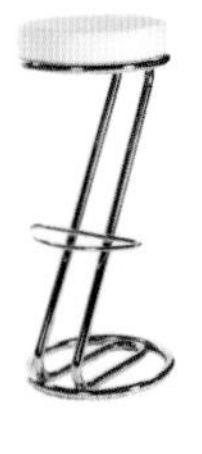

tazzina | zuccheriera | caffettiera | oliera | bricco | sgabello

grammatica

tavolo	tavolino
tazza	tazzina
bicchiere	bicchierino
luce	lucina

5 Guarda quella caffettiera!

Guardate ancora il video e abbinate i seguenti aggettivi agli oggetti in basso. 

originale | carino/a | classico/a | moderno/a | elegante | bello/a

oliera | caffettiera | bricco

lingua

Guarda!
Ha una forma classica e un design moderno.
È di porcellana.

grammatica

Guarda quella caffettiera!
Ti piace quell'oliera?
C'è anche quel bricco.
Ti piace quello sgabello?

6 Trovate le parole

Inserite le parole nel riquadro giusto.

la caffettiera - il ~~vaso~~ - la lampada - lo sgabello - il bricco - l'oliera lo zainetto - la zuccheriera - l'ombrello - il portacenere - lo specchio - l'imbuto

il vaso --> quel vaso

quel vaso ....

quello ....

quell' ....

quella ....

E4

7 Mi sembra molto bella!

Guardate il video.

comunicazione

- Che ne dici?
- Mi sembra molto bella.

lingua

Mi sembra adatta a Maurizio.
Secondo me gli piace.
Penso che sia perfetta per lui.
Lo penso anch'io.

grammatica

A lui piace il caffè.
A lei piace la porcellana.

E5

Cosa comprano come regalo di compleanno? Perché?

Immaginate e poi guardate il video per controllare.

E tu? Che ne dici di questi oggetti?

Pensate a un amico o un'amica e dite quale oggetto è adatto a lui o a lei e perché.

8 Penso che sia perfetto!

a. Ascoltiamo e ripetiamo. 

A
■ Come ti sembra questo?
▷ Mi sembra perfetto!

B
■ Che ne dici?
▷ Secondo me è perfetto!

C
■ Guarda questo... che ne pensi?
▷ Penso che sia perfetto!

D
■ E questi quadri?
▷ Penso che siano bellissimi!

E
■ Come ti sembrano questi vasi?
▷ Penso che siano molto eleganti.

lingua

Mi sembrano bellissimi.
Secondo me sono bellissimi.
Penso che siano bellissimi.

E6

Come ti sembra? / Come ti sembrano?
Che ne pensi?
Che ne dici?

Mi sembra perfetto!
Secondo me è perfetto!
Penso che sia perfetto!

b. A coppie commentate questi oggetti, usando le espressioni qui sopra e gli aggettivi del riquadro come nei due esempi.

elegante - moderno - classico - particolare
di cattivo gusto - di buon gusto
pacchiano - semplice - banale

■ Come ti sembra questa borsa?
• Molto elegante.

■ Che ne dici di questi occhiali?
• Mi sembrano molto eleganti.

c. Come pensate che siano queste persone? Descrivetele a coppie aiutandovi con gli aggettivi di pagina 66.

E7

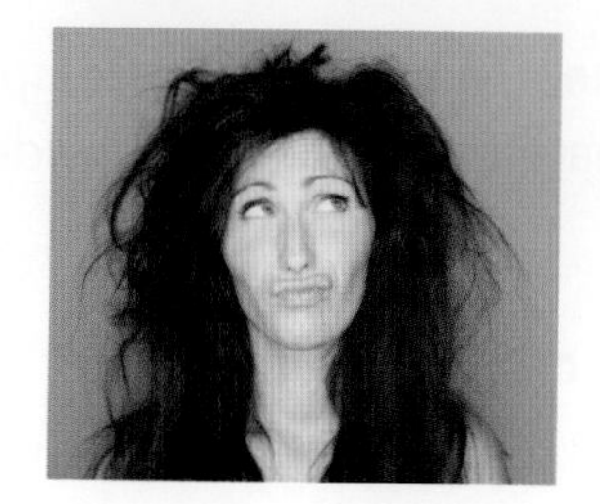

d. Guardate le foto e formate delle frasi utilizzando gli aggettivi del riquadro.

grammatica

Elio è più impegnato di Gioia.
Gioia è meno stressata di Elio.

E8

Penso che Elio sia più impegnato di Gioia.

Secondo me Gioia è meno stressata di Elio.

....

....

....

giovane occupato rilassato

9 Architettura antica e moderna

a. Guardate le foto e provate a dire che cos'è e dove si trova.

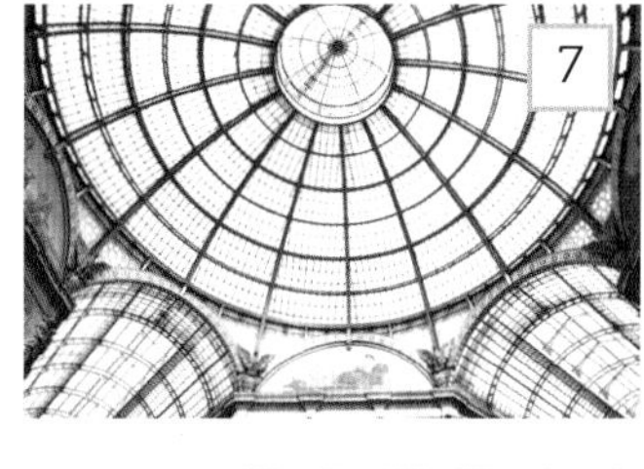

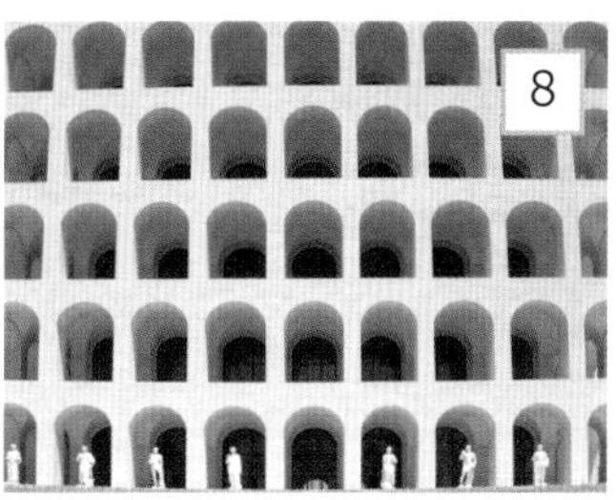

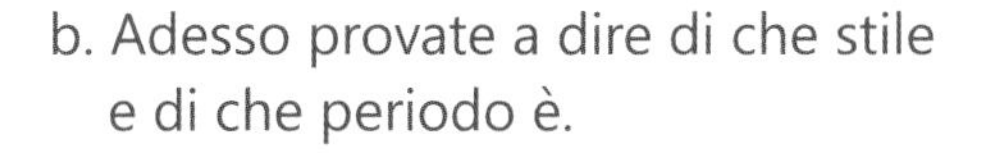

b. Adesso provate a dire di che stile e di che periodo è.

greco - romano - romanico gotico - rinascimentale - barocco neoclassico - moderno

A te piace l'architettura?

Conosci qualche architetto italiano?

Chi conosci?

10 Architettura italiana in Giappone

a. Guardate le foto di due opere di architetti italiani in Giappone.
Le conoscete? Dite tutto ciò che sapete.

Praemium Imperiale
Gae Aulenti 1991 - Renzo Piano 1995

b. Guardate l'intervista a Gae Aulenti.
Poi a coppie leggete una delle tre parti dell'intervista e, con l'aiuto dell'insegnante, presentate alla classe i punti importanti delle risposte di Gae Aulenti.

1. *Lei ha progettato il palazzo dell'Istituto Italiano di Cultura di Tokyo, esteticamente apprezzato per la semplicità delle linee e il colore rosso della facciata. A cosa si è ispirata e quale concetto ha voluto comunicare?*
Rimasi impressionata da quella zona di Tokyo, [...] dove c'è molto grigio. C'è il grigio delle costruzioni dei palazzi e poi il verde dei giardini. E allora l'interesse nostro era di segnalare l'Istituto Italiano di Cultura, segnalare anche la sua posizione magnifica. [...] Allora scelsi questo colore rosso, che è il rosso lacca. Proprio come omaggio al Giappone, come omaggio a Tokyo. [...] Le linee semplici [...] perché credo che la semplicità sia qualche cosa di molto difficile da raggiungere [...].

2. *Spaziando dall'architettura al design di oggetti, mobili, moda ... qual è secondo Lei la peculiarità del design italiano, di quel made in Italy così famoso nel mondo?*
Secondo me il made in Italy è stato soprattutto il design, che si è sviluppato nel dopoguerra, perché ha unito gli architetti (perché allora c'erano solo architetti, non c'erano le scuole di design) [...] con i piccoli costruttori e i piccoli artigiani, che hanno insieme lavorato a creare questi nuovi mobili. Questo è stato molto produttivo perché [...] ha fatto in modo che questi oggetti fossero legati allo spazio.

3. *Pensa che nel futuro il made in Italy continuerà a distinguersi nel mondo?*
Mah, c'è una tendenza che l'Italia ha, dovuta anche alla condizione fisica... per esempio, l'Italia è magnifica. Soprattutto nelle piccole città, nei rapporti di queste piccole città col paesaggio, con una somma di elementi diversi che la fa diventare unica. C'è il grande poeta Brodskij che ha detto che in Italia ogni piega del paesaggio, ogni dettaglio di un palazzo, ogni strada dei centri storici, crea un insieme... che è come un telaio... una trama... è un ordito della continuità.

11 Un gioiello di design italiano

a. Leggete il testo.

A 50 anni dalla nascita, nel 2007 ritorna un mito tutto italiano: Fiat 500, che porta nel mondo il carattere allegro e ottimista degli italiani. Nel 2009 la Fiat 500 vince il prestigioso premio *Design Car of the Year*. "Questo premio è una conferma dell'impegno di Fiat nel creare vetture belle e innovative." - commenta Roberto Giolito, del Centro Stile Fiat - "La 500 rappresenta la bellezza concreta, una caratteristica che il mondo si aspetta da un'automobile italiana. Continueremo a lavorare per un design innovativo, cercando di coniugare al meglio il futuro con l'identità storica, culturale e industriale del marchio Fiat".

Una macchina personalizzata

La Fiat 500 è una macchina che potete personalizzare secondo i vostri gusti e desideri: oltre al colore della carrozzeria potete infatti scegliere colore degli interni, adesivi decorativi, portachiavi e accessori vari.
Non c'è limite alla vostra fantasia, perché non c'è una 500 uguale all'altra.

b. Trovate nel testo gli aggettivi che descrivono...

il carattere degli italiani: ………………, ………………,
il premio "Design Car of the Year": ………………,
la bellezza: ………………, il design: ………………

c. Cercate nel testo i due sinonimi di macchina:

………………, ………………

12 Una cosa magica

a. Guardiamo il video. Poi dite il nome degli oggetti che avete visto.
b. Scrivete qui sotto la frase che avete visto nel video.

Alcune ……………… ……………… ……………… ……………… ……………….

c. Quali altre cose secondo voi sono "magiche"? A coppie fate una lista.

Allegato 7, p. 121

13 Buon Compleanno!

a. Guardate le foto e a coppie immaginate la storia. Poi parlate con la classe.

b. Guardate il video e segnate le cose che avete visto.

- ☐ cucina
- ☐ tavolo
- ☐ piatti
- ☐ soggiorno
- ☐ sedie
- ☐ bicchieri
- ☐ ingresso
- ☐ divano
- ☐ bottiglie
- ☐ balcone
- ☐ tavolino
- ☐ tazze
- ☐ giardino
- ☐ lampada
- ☐ caraffa

E10

c. Adesso raccontate la scena che avete visto.

14 Che sorpresa!

a. Guardate il video. Poi completate il dialogo con le espressioni a destra.

▷ Chi sarà?
■ Mah, non so. Vado ....
▶ ....!
■ Tanti auguri!
■ Luca! Rossella! [...] Entrate!
■ Questo è per te.
■ .... ragazzi.
▶ Ecco.
▷ Ma avete portato anche i pasticcini! Grazie, troppo carini!
■ Entrate, ... in giardino!

E11

sorpresa | venite | grazie | ad aprire io

lingua

Chi sarà?
Che cosa sarà?

Non sei più un ragazzino.

b. Guardate il video. Poi leggete i dialoghi:

■ Quale, questo o questo?
▷ Quello.
■ Quale? Questo?
▷ Sì, quello.

▷ Siamo pronti per i pasticcini? [...]
Io prenderei prima quello alla crema, [...] poi al cioccolato
▶ Io prendo il bignè.
E poi quello al cioccolato.

15 Che cosa sarà?

a. Osservate gli oggetti. A coppie chiedetevi "Che cosa sarà? / Che cosa saranno?" e provate a rispondere scegliendo tra le opzioni date.

- ☐ piatto
- ☐ portacenere
- ☐ vasca da bagno

- ☐ tv
- ☐ camino
- ☐ quadro

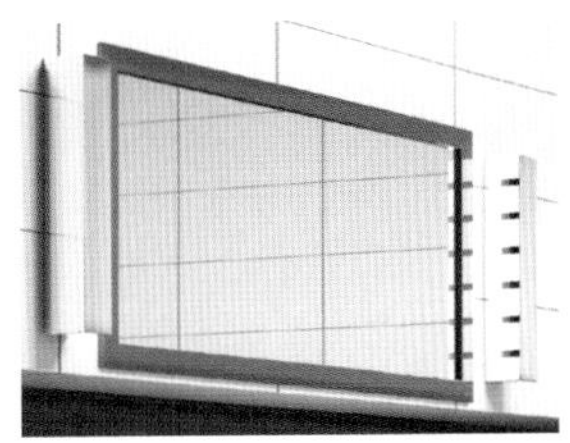

- ☐ tv
- ☐ specchio
- ☐ vassoio

- ☐ poltrone
- ☐ pietre
- ☐ soprammobili

- ☐ bicchieri
- ☐ lampade
- ☐ vasi

lingua

- ■ Che cosa sarà?
- • Sarà una caffettiera.
- ■ Che cosa saranno?
- • Saranno due vasi.

b. Collegate le domande alle risposte.

1. Dov'è Barbara?
2. Che ore sono?
3. Quanti sono?
4. Il telefono! Chi sarà?
5. Per quando è fissato l'esame?

a. Eh, sarà tua madre.
b. Mah... saranno circa 11.
c. Non lo so, sarà in giardino.
d. Mah... saranno le 11.
e. Non mi ricordo, ma sarà la prossima settimana.

c. Rispondi alle domande.

1. Dove saranno i tuoi amici adesso?
2. Domani sarà bel tempo?
3. Che ore saranno in Italia?
4. Sarà freddo fuori?

E12

16 La pasticceria italiana

a. Guardate le foto.

E da voi cosa si porta quando si va a casa di amici?

b. Immaginate di essere a cena da amici in Italia e scegliete le paste e i pasticcini che volete mangiare.

Quali paste vorresti mangiare? Quali pasticcini vorresti assaggiare?

E13-14

- ▪ Quali pasticcini vuoi?
- • Quello alla frutta e poi quello al cioccolato.
- ▪ Quale pasta vuoi?
- • Quella alla crema.

comunicazione

- ▪ Mangi dei pasticcini?
- • Mah... ne prendo solo uno.
- • Sì, volentieri, ne prendo due.

Quale vuoi?
Quello al pistacchio.
Quella al cioccolato.
Quali ti piacciono?
Quelli alla crema.
Quelle alla frutta.

grammatica

Ne prendo uno.
Ne prendo due.

In questa unità

Comunicare 

- Qual è il tuo colore preferito?
- A me piace il rosso.
- Io amo il blu e l'arancione.

- Mi piace questa tazza gialla.
- Mi piacciono questi piatti rossi.

- Guarda!

- Ha una forma classica e un design moderno.
- È di porcellana.

- Guarda quella caffettiera.
- Ti piace quell'oliera?

- C'è anche quel bricco.
- Ti piace quello sgabello?

- Quali pasticcini vuoi?
- Quello alla crema e quello al cioccolato.

- Come ti sembra?
- Mi sembra perfetto!

- Come ti sembrano?
- Mi sembrano bellissimi!

- Che ne dici?
- Secondo me sono bellissimi.
- Penso che siano bellissimi.
- Lo penso anch'io.

- Cosa sarà?
- Sarà una caffettiera.

- Cosa saranno?
- Saranno due vasi.

Grammatica

aggettivi dimostrativi

il vaso	quel vaso
l'oliera	quell'oliera
lo specchio	quello specchio
la caffettiera	quella caffettiera
i piatti	quei piatti
gli sgabelli	quegli sgabelli
le tazzine	quelle tazzine

aggettivi - i colori

piatto rosso	piatti rossi
tazza gialla	tazze gialle
tavolo marrone	tavoli marroni
sedia verde	sedie verdi
vaso blu	vasi blu

diminutivi

tavolo	-->	tavolino
tazza	-->	tazzina
bicchiere	-->	bicchierino
luce	-->	lucina

pronomi dimostrativi

quello	quella
quelli	quelle

Quali pasticcini vuoi?
Quello alla crema e poi quello al cioccolato.

Che cosa sarà?
Sarà una caffettiera.
Che cosa saranno?
Saranno due vasi.

Che ne pensi / Che ne dici?
Come ti sembra/sembrano?
Mi sembra/Mi sembrano...
Secondo me è/sono...
Penso che sia/siano...

comparativi

Lui è più impegnato di lei.
Lei è meno stressata di lui.

ne partitivo Ne mangio uno./Ne mangio due.

	1	2	3	4	5	6
1	dov'è la stazione più vicina?		in che regione è Trieste?	che cosa significa TVB?	due teatri italiani	
2		com'è l'Aida?	5 colori			due piazze italiane
3		cinque città italiane		che tempo fa?		che ore saranno in Italia?
4	3 gusti di gelato		dov'è la Torre degli Asinelli?		dove si va per vedere una mostra?	
5		dove si va per vedere una partita di calcio?			due tipi di paste	tre cose che fai prima di partire per un viaggio
6	tre tipi di pizze	quand'è San Valentino?		in Italia quando si va al cinema?		le quattro stagioni

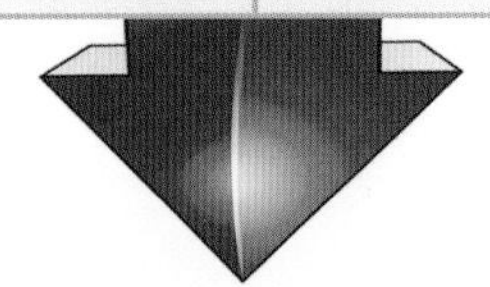

faccina verde – fai una domanda grammaticale

faccina rossa – fai una domanda personale

Eserciziario

Esercizio 1

Trovate 8 parole nel riquadro.

V	I	L	L	P	O	N	T	F
T	O	R	~~V~~	~~I~~	~~L~~	~~L~~	~~A~~	O
O	P	A	L	A	Z	Z	O	N
R	O	N	D	Z	T	E	A	T
R	N	O	S	Z	T	O	R	A
E	T	T	E	A	T	R	O	N
R	E	T	E	R	M	E	G	A

Esercizio 2

Ascoltate il CD e scegliete la risposta giusta. 

1. Giulio arriva a Bologna ☐ in pullman ☐ in treno
2. Arriva alle ☐ 9:20 ☐ 9:30
3. Giulio incontra la sua amica ☐ davanti alla Torre degli Asinelli ☐ in libreria
4. Insieme vanno a ☐ prendere un caffè ☐ comprare i biglietti del teatro

Esercizio 3

a. Scrivete delle frasi come nell'esempio.

(teatro – chiesa) *Il teatro è davanti alla chiesa.*

1. (farmacia – supermercato)

....

2. (parcheggio – stazione)

....

3. (biglietteria – edicola)

....

4. (pizzeria – stadio)

....

b. Completate con la preposizione A più l'articolo.

1. Vado al bar di fronte .... stazione.
2. Andiamo .... ristorante?
3. Domani ci vediamo .... giardinetti di Via Veneto?
4. Ci troviamo sotto .... portici, ... solito posto.

Esercizio 4

Descrivete le figure scrivendo frasi con "prima..., poi..." e i verbi del riquadro.

1.  

2.  

3.  

4. 

giocare ballare parlare al telefono	bere litigare studiare	ascoltare musica ballare

1. *Questo bambino prima...* ……………………
2. ……………………
3. ……………………
4. ……………………

Esercizio 5

Coniugate i verbi tra parentesi al passato prossimo.

Nelle vacanze di Pasqua, l'anno scorso, Annalisa (stare) ……………… tre giorni a Firenze. (vedere) ……………… molti monumenti, come il Duomo, il Campanile di Giotto e il David di Michelangelo. (visitare) ……………… anche il Museo degli Uffizi.
Ogni giorno (mangiare) ……………… piatti tipici, come la bistecca alla fiorentina. Prima di lasciare Firenze (comprare) ……………… alcuni souvenir per la sua famiglia.

Esercizio 6

Immaginate una gita che avete fatto in una città italiana o giapponese e rispondete alle domande.

1. Dove sei stato/a? ……………………
2. Quando ci sei stato/a? ……………………
3. Che cosa hai visto? ……………………
4. Che cosa hai visitato? ……………………
5. Che cosa hai mangiato? ……………………
6. Che cosa hai comprato? ……………………

Esercizio 7

Utilizzate le risposte dell'Esercizio 6 per raccontare la gita che avete fatto.

……………………

……………………

……………………

Esercizio 8
Completate con la forma corretta dell'aggettivo.

1. Mi piace molto questa canzone. Ha una melodia così (dolce) ....
2. Mamma mia! Questa rivista è proprio (noioso) ....
3. Per me la musica classica è molto (rilassante) ....
4. L'Aida è un'opera (meraviglioso) ....
5. Non mi piace questo libro, è troppo (triste) ....
   Preferisco le storie (allegro) ...., a lieto fine.
6. Questi libri non sono molto (interessante) ....

Esercizio 9
Completate con l'aggettivo in –issimo, -issima, -issimi o –issime.

1. È una melodia (dolce) ....
2. Questo libro è (noioso) ....
3. Alcuni film comici sono (divertenti) ....
4. Questi quadri sono (brutti) ....
5. Le mie sorelline sono (belle) ....

Esercizio 10
Ascoltate il CD e indicate chi dice le seguenti affermazioni tra LUI e LEI. 7

	LUI	LEI
1. L'opera è rilassante.	☐	☐
2. L'opera è bella ma qualche volta noiosa.	☐	☐
3. Il jazz è più interessante.	☐	☐
4. Il jazz è sempre uguale.	☐	☐
5. Il rock inglese è meraviglioso.	☐	☐
6. Il rock italiano è più bello.	☐	☐
7. Le canzoni di Sanremo sono troppo romantiche.	☐	☐

Esercizio 11
Completate con i pronomi riflessivi MI, TI, SI, CI, VI, SI.

.... lavo .... rilassiamo .... mettono .... alzate .... rilassi .... veste
.... siedo .... prepari .... metto .... lavi .... preparano .... alzo

Esercizio 12
Scrivete due cose che fate la mattina, due cose che fate il pomeriggio e due cose che fate la sera.

La mattina .... e ....
Il pomeriggio .... e ....
La sera .... e ....

Esercizio 13
Completate coniugando il verbo indicato tra parentesi.

"Il pomeriggio (avere) ...ho... sempre tante cose da fare. Prima (lavare) .... i piatti e (fare) .... le pulizie, poi verso le 4 (prepararsi) .... e (andare) .... a prendere i bambini a scuola. (noi – prendere) .... un gelato e (noi-giocare) .... un po' al parco, loro (divertirsi) .... moltissimo. Alle 6 (noi-tornare) .... a casa, loro (fare) .... i compiti e io finalmente (rilassarsi) .... un po'".

"La sera non (uscire) ...esco... spesso. A volte (andare) .... a prendere un aperitivo con i miei amici ma poi (io-tornare) .... subito a casa perché verso le 9 (venire) .... Gabriella, la mia ragazza. (noi-guardare) .... la tv e (noi-parlare) .... un po'.
Poi la (accompagnare) .... a casa sua con la macchina.
Dopo torno a casa mia e guardo ancora un po' di tv. Prima di andare a letto (farsi) .... la doccia e (lavarsi) .... i denti".

Su un foglio scrivete com'è la vostra giornata e datelo all'insegnante.

Esercizio 14
Leggete il testo e completate.

Il Teatro alla Scala

Il **Teatro alla Scala** di Milano, spesso chiamato semplicemente La Scala, è il teatro italiano più famoso del mondo, ed è conosciuto come "il tempio della lirica".
Si trova in Piazza della Scala, che molti milanesi considerano la piazza più elegante della città, e da questa piazza ha preso appunto il nome.
Ogni anno il teatro mette in scena circa 284 spettacoli. La stagione teatrale, l'evento più importante della vita culturale milanese, è composta da opera lirica, balletto e concerti di musica classica.
Alla Scala naturalmente hanno cantato i più grandi artisti lirici come Maria Callas, Renata Tebaldi e Luciano Pavarotti, e hanno danzato ballerini come Rudolf Nurejev e Carla Fracci.

1. Il Teatro alla Scala è ...... teatro italiano .... mondo.
2. Piazza della Scala è ...... piazza .... città.
3. La stagione teatrale è ......evento .... vita culturale milanese.
4. Alla Scala hanno cantato .... artisti lirici.

Esercizio 15

Completate con i nomi dei posti del riquadro.

La Valle d'Aosta – Bologna – La Galleria degli Uffizi – La Sicilia
La Basilica di San Pietro – Il Po – Il Monte Bianco – Il Vaticano

1. .... è l'isola più grande del Mar Mediterraneo.
2. A .... c'è l'università più antica d'Europa.
3. .... è la regione più piccola d'Italia.
4. .... è il monte più alto d'Europa.
5. .... è lo Stato più piccolo del mondo.
6. .... è il fiume più lungo d'Italia.
7. .... è la chiesa cristiana più grande del mondo.
8. .... è il museo più importante d'Italia.

Esercizio 16

Luisa abita a Venezia. Domani va a Verona per vedere l'opera: completate l'intervista e poi a coppie esercitatevi a leggere.

■ Allora, domani vai a Verona a vedere l'opera?
▶ Sì, non vedo l'ora! Vado presto per fare un giro anche in città.
■ Ah, sì? A che ora ....?
▶ Eh, mi alzo presto, verso le 7.
■ .... a casa?
▶ Sì, sì, faccio colazione a casa. Mi alzo con calma, mi lavo, mi pettino e poi mangio qualcosa.
■ Cosa .... per l'opera?
▶ Mi metto un paio di pantaloni e una maglietta, voglio stare comoda. Mi porto anche una giacca, se la sera fa freddo.
■ E a che ora ....?
▶ Prendo il treno alle 9. Fino alla stazione vado a piedi, mi piace camminare.
■ Bene, sei sportiva! E a Verona che programmi ....?
▶ Mah, non ho ancora programmi precisi per la mattina e il pomeriggio, ma vorrei visitare la casa di Giulietta.
■ Che bello! E poi a pranzo .... qualche piatto tipico?
▶ Sì, voglio proprio provare il famoso risotto all'amarone!
■ Bene, bene! E nel pomeriggio ...., immagino.
▶ Sì, esatto, faccio spese, passeggio un po'...
■ A che ora .... in Arena?
▶ Penso di entrare verso le 7. Preferisco arrivare presto e gustarmi l'atmosfera magica dell'Arena.
■ Buon divertimento, allora!

Esercizio 1

Partiamo! Questa famiglia parte per le vacanze.
Immaginate di essere il padre o la madre e scrivete che cosa fate prima di partire.

~~preparare le valigie~~
finire i compiti di scuola
salutare i bambini dei vicini
chiudere il gas
mettere la guida nella borsa
preparare la frutta per il viaggio
andare a prendere la macchina
inserire la segreteria telefonica
dare l'acqua alle piante

preparare i panini
tagliare il pane
prendere la macchina fotografica
spegnere l'aria condizionata
chiudere la porta a chiave
telefonare ai nonni
prendere i giocattoli
preparare la borsa da mare
mettere le valigie in macchina

io	mio marito/mia moglie	i bambini
preparo le valigie	....	....
....	....	....
....	....	....
....	....	....
....	....	....
....	....	....

Esercizio 2

Scrivete dove sono le seguenti cose usando SUL, NEL, ACCANTO A.

il pane è sul tavolo.

la frutta ....

i bicchieri ....

il formaggio ....

le bottiglie ....

la borsa ....

Esercizio 3

Inserite le preposizioni articolate giuste scegliendo tra quelle date.

1. La macchina fotografica è (nel/nella) .... valigia.
2. (Sullo/Sul) .... tavolo ci sono le bottiglie d'acqua.
3. La borsa da mare è (nello/nel) .... bagagliaio (alla/della) .... macchina.
4. Il cellulare è (nel/nello) .... zaino, (sul/sulla) .... sedia in cucina.
5. I formaggi sono (alla/nella) .... busta bianca accanto (sul/al) .... pane.
6. La FIAT 500 è parcheggiata davanti (nel/al) .... garage.

Esercizio 4

Rispondete alle domande secondo l'esempio.

Es: Hai cenato? Sì, ho già cenato. / No, non ho ancora cenato

1. Avete pranzato? ....
2. Tuo marito è tornato? ....
3. I bambini hanno finito di studiare? ....
4. Hai telefonato a casa? ....
5. Sei andata a fare la spesa? ....
6. Sei stato in Italia? ....

Esercizio 5

Inserite i participi irregolari dei verbi nel posto giusto.

Hai fatto tutto?

Sì, ho .... l'aria condizionata,
ho .... la guida di viaggio,
ho .... un messaggio ad Angela,
ho .... l'acqua per il viaggio,
ho .... il gas,
ho .... le borse in macchina.
Ho .... tutto! Stai tranquillo!

preso
fatto
messo
preso
chiuso
spento
scritto

Esercizio 6

Ascoltate il CD e scegliete con ✓ *cosa fa Marcella e cosa fa Alberto.*

MARCELLA

- ☐ prepara i panini
- ☐ fa il caffè per il viaggio
- ☐ dà l'acqua alle piante
- ☐ mette in ordine la camera
- ☐ chiude tutte le finestre

ALBERTO

- ☐ taglia il pane
- ☐ va a prendere la macchina
- ☐ spegne tutte le luci
- ☐ mette i bagagli in macchina
- ☐ prepara le cose per il mare

Esercizio 7

Trovate in orizzontale e in verticale il participio passato dei verbi della lista.

M	A	P	E	R	T	O	V	I	M
L	F	P	O	R	T	A	I	D	A
B	I	R	C	E	B	I	S	N	N
E	N	E	H	~~S~~	~~T~~	~~A~~	~~T~~	~~O~~	G
V	I	S	I	T	A	T	O	F	I
U	T	O	U	F	A	T	T	O	A
T	O	R	S	P	E	N	T	O	T
O	N	C	O	M	P	R	A	T	O

finire	mangiare
~~stare~~	prendere
vedere	fare
aprire	spegnere
bere	comprare
visitare	chiudere

Esercizio 8

Completate con il passato prossimo dei verbi indicati tra parentesi.

1) Ieri Mario (andare) .... al cinema con Sara.
2) Anna, cosa (mangiare) .... a pranzo?
3) L'anno scorso io e Luigi (stare) .... in vacanza in Puglia.
4) Ragazzi, (spegnere) .... le luci?
5) Mamma (fare) .... il tiramisù. Mhhh!!!
6) Ieri le mie amiche (stare) .... in montagna a sciare. Beate loro!
7) Che freddo! Ma chi (aprire) .... la finestra?
8) Quali città (tu-visitare) .... in Italia?
9) Che mal di testa stamattina! Ieri sera io e Sara (bere) .... due bottiglie di spumante!
10) Bambini, (finire) .... i compiti per domani?

Esercizio 9

Trasformate la conversazione dal presente al passato prossimo.

■ Che fai di bello oggi?
▶ Beh, prima di tutto studio inglese e faccio i compiti.
Poi vado in centro e incontro Giovanna.
Come al solito guardiamo le vetrine, facciamo spese per noi e compriamo dei regalini per i nostri fidanzati.
■ Ah, e state in centro fino a tardi?
▶ No, no, verso le sette Franco e Rino vengono a prenderci e andiamo tutti e quattro a cena fuori, mangiamo una pizza, beviamo una birra e soprattutto chiacchieriamo tanto!

■ Che ..hai fatto.. di bello ieri?
▶ Beh, prima di tutto .... inglese e .... i compiti.
Poi .... in centro e .... Giovanna.
Come al solito .... le vetrine, ... spese per noi e .... dei regalini per i nostri fidanzati.
■ Ah, e .... in centro fino a tardi?
▶ No, no, verso le sette Franco e Rino .... a prenderci e .... tutti e quattro a cena fuori, ... una pizza, ... una birra e soprattutto .... tanto!

Esercizio 10

Completate le frasi.

1) Mi scusi, in camera c'è .... condizionata?
2) Preferisce una camera con doccia o .... da bagno?
3) Senta, ... è la colazione?
4) Ecco la .... signora. La Sua camera è la 315, al terzo ....
5) Posso avere un documento, ...?
6) Buongiorno, ho una .... a nome Rosi.
7) La colazione è .... 7.30 .... 9.30.

Esercizio 11

Completate come nell'esempio.

Dove abiti?

Abito...

...al primo piano

Esercizio 12

CI o CHI? Scegliete il plurale giusto degli aggettivi in -co.
Poi ascoltate il CD per controllare. 13

Es: dolce tipico .... dolci tipici
1. amico simpatico ....
2. biglietto economico ....
3. palazzo barocco ....
4. palazzo antico ....

Pensate alla regola: come cambiano al plurale gli aggettivi che finiscono in -co?

Esercizio 13

Completate le frasi con dei/degli/delle e con le parole nel riquadro come nell'esempio.

piatti - dolci - ~~souvenir~~ - fotografie - bicchieri - studenti - amiche - bevande

1. In Italia ho comprato .... dei souvenir .... per la mia famiglia.
2. Ieri a scuola ho incontrato .... americani.
3. Sabato scorso sono andato in discoteca con ....
4. Per la cena ho portato .... e ....
5. Per il picnic ho comprato .... e .... di plastica.
6. Domenica ho fatto .... in montagna.

Esercizio 14

Sottolineate i nomi di souvenir e prodotti tipici come nell'esempio. Poi trovate gli aggettivi riferiti a città e regioni e scriveteli nella forma maschile singolare accanto ai luoghi elencati sotto.

In ogni città e in ogni regione d'Italia potete trovare souvenir e prodotti locali da portare ai vostri amici o alla vostra famiglia. Al nord potete gustare il famoso caffè nella grolla valdostana e l'ottimo cioccolato piemontese, potete assaggiare le trofie al pesto liguri e acquistare gli eleganti vetri veneziani. Al centro non si può non comprare una bottiglia di delicato olio umbro e il celebre panforte senese. Tra i prodotti abruzzesi i confetti a fiori di Sulmona sono un originale regalo per gli amici. Al sud i souvenir da comprare sono tantissimi: i raffinati cammei campani e gli accessori in pregiato corallo sardo. Altri regali gastronomici sono i taralli all'olio di oliva pugliesi, il gustoso peperoncino calabrese e l'ottimo pistacchio siciliano di Bronte.

La tipica grolla valdostana

I confetti a fiori di Sulmona

Valle d'Aosta valdostano
Piemonte ....
Liguria ....
Campania ....
Venezia ....
Sardegna ....

Umbria ....
Puglia ....
Siena ....
Calabria ....
Abruzzo ....
Sicilia ....

Esercizio 15

Viaggio nel passato: partite da oggi e andate piano piano verso il passato nell'ordine giusto, in orizzontale → o in verticale ↓. Alla fine potete arrivare alla regione più grande d'Italia.

oggi	quattro giorni fa	ieri	tre mesi fa
ieri	l'altro ieri	quattro giorni fa	due settimane fa
stamattina	tre giorni fa	una settimana fa	dieci giorni fa
una settimana fa	due settimane fa	un mese fa	qualche mese fa
tre anni fa	due anni fa	qualche anno fa	l'anno scorso
il Piemonte	il Lazio	la Sicilia	la Sardegna

Esercizio 16

Completate l'e-mail di Marcello con i verbi dati (i verbi sono in ordine) al passato o al presente, a seconda dei casi.

scrivere - essere - lavorare - avere - venire - stare - andare - andare - fare
mangiare - tornare - dormire - andare - prendere
camminare - arrivare - partire - essere - fare - finire - avere - potere

Ciao Letizia,

come stai?

Scusami, la settimana scorsa non ti .... perché .... molto occupato. Da lunedì a venerdì .... come al solito. Ogni giorno la sera non .... tempo perché a casa mia .... la mia compagna Gilda, che abita a Palermo.

Lei .... con me tutta la settimana. Sabato pomeriggio noi .... alle Terme di Saturnia. Tu ci .... ? Sono molto belle. Puoi entrare liberamente e stare quanto tempo vuoi. Gilda .... un sacco di foto. Dopo .... in un agriturismo vicino alle terme e poi .... a Grosseto.

Ieri, domenica, ... fino a tardi e nel pomeriggio .... al mare, al Parco dell'Uccellina. Forse lo conosci, è qui vicino. Dal parcheggio delle macchine .... l'autobus del parco. Poi .... un'ora e mezza e .... alla spiaggia, un posto tranquillo e bellissimo.

Stamattina lei .... per Palermo perciò da oggi io .... più libero.

Tu domani sera cosa .... ?

Io .... di lavorare alle 5. Se tu .... tempo ci vediamo per mangiare qualcosa insieme?

Così .... chiacchierare un po'.

Fammi sapere. A presto e un abbraccio,

Marcello

Esercizio 17

Guardate i numeri romani da 1 a 10 e poi scrivete i numeri da 11 a 20.

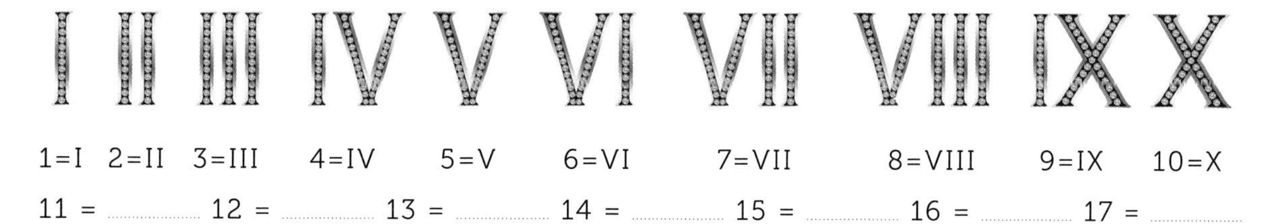

1=I 2=II 3=III 4=IV 5=V 6=VI 7=VII 8=VIII 9=IX 10=X

11 = ... 12 = ... 13 = ... 14 = ... 15 = ... 16 = ... 17 = ...

18 = ... 19 = ... 20 = ...

Esercizio 1

a. Ascoltate il CD e inserite accanto all'immagine il numero corrispondente dei tre dialoghi che sentite.

....

....

....

....

....

b. Adesso ascoltate ancora e scrivete sotto le immagini le espressioni di pagina 32.

Es. 1 girare a sinistra

Esercizio 2

Scrivete la scena del video: coniugate al presente i verbi dati e inseriteli negli spazi, poi scegliete l'ordine giusto della storia con i numeri da 1 a 4.

☐ attraversare - dovere - dire - chiamare - camminare

La turista .... lungo il fiume Tevere. Improvvisamente qualcuno la .... da dietro. È l'uomo di prima. Lui .... che adesso lo sa e spiega alla turista dove .... andare. Poi lui va via e lei .... il ponte per andare all'Isola Tiberina e poi a Trastevere.

☐ accompagnare - chiedere - preferire - guardare - spiegare

Una turista cammina in Piazzale Ostiense a Roma. .... la sua mappa della città. Non conosce bene Roma e allora .... informazioni a un signore. Il signore .... alla turista che può prendere la metro o l'autobus. La turista .... la metro. Il signore la .... in Piazza Piramide, dove lei entra nella stazione della metro.

☐ vedere - portare - rispondere - uscire

La turista .... dalla stazione Circo Massimo, apre la mappa e si guarda intorno. Dopo un po' .... un uomo che .... due borse e chiede dov'è la via anche a lui. Ma lui .... che non lo sa.

☐ accompagnare - indicare - camminare - chiedere - prendere

La turista .... ancora e .... a una ragazza. Lei gentilmente la .... per un po'. Arrivano in una piazza e la ragazza .... alla turista la chiesa di Santa Maria in Trastevere, poi la saluta. La turista .... dalla borsa la sua videocamera per filmare la chiesa.

Esercizio 3
Collegate le battute di sinistra con quelle di destra.

Senta, scusi!	No, solo cinque minuti a piedi.
Mi può dire dov'è piazza Navona?	La può prendere lì.
È lontano da qui?	Dica!
Dove posso prendere la metro?	No, è quella.
Scusi, via del Corso è questa?	È un po' lontano. Può andare in metro.

Esercizio 4
Pensate a una città, un monumento, un piatto, un film o un libro famosi in Giappone e chiedete ad un amico italiano se li conosce, usando LO, LA, LI, LE. Scrivete le domande qui sotto.

Es. In estate ho visitato Nara, la conosci?

1. ……
2. ……
3. ……
4. ……
5. ……
6. ……

Esercizio 5
Completare con i pronomi del riquadro.

lo - la - li - le

1. Domenica scorsa sono andata al lago Trasimeno, …… conosci?
2. Che bello questo libro, …… compro.
3. Francesco, ho preparato la merenda, …… vuoi?
4. Questi film non …… conosco.
5. Dobbiamo portare via anche quelle riviste: …… prendi tu?
6. Scusa, mi dici dove sono le chiavi della macchina? Io non …… so.
7. I gelati di quel bar sono buonissimi. …… mangio spesso.
8. Preferisco il metrò. Dove …… posso prendere?

Esercizio 6
Scegliete tra i verbi del riquadro e completate le frasi con i verbi al passato prossimo.

addormentarsi - truccarsi - lavarsi - riposarsi - arrabbiarsi - iscriversi

1. I bambini sono stanchi, …… in macchina.
2. Sai, oggi Cecilia e Luisa …… a un corso di cucina.
3. Oggi, prima di uscire, mia sorella …… per ore: secondo me è uscita con un ragazzo.
4. Bambini, venite a mangiare! …… le mani?
5. Alberto, perché …… con me? Io non ho fatto niente!
6. Che stanchezza! Nel fine settimana non …… per niente.

Esercizio 7

Coniugate i verbi alla seconda persona singolare (tu) e poi collegate domande e risposte. In classe fate le domande al compagno, facendo attenzione al maschile o femminile.

1. A che ora (svegliarsi) .... stamattina?	A mezzanotte.
2. Sei stanco, non (riposarsi) .... ieri?	Un vestito elegante.
3.(divertirsi) .... in vacanza?	Un mese fa.
4. A che ora (addormentarsi) .... ieri sera?	Presto, alle 7.
5. Cosa (mettersi) .... ieri?	No, ieri ho lavorato.
6. Quando (iscriversi) .... a questo corso?	Sì, moltissimo.

Esercizio 8

Leggete il testo e rispondete alle domande.
Poi scrivete accanto alle frecce le parole PORTALE, ROSONE E BALCONE.

Lecce, la perla del sud

La Puglia, una regione affascinante dove troviamo mare azzurro e ulivi centenari, i curiosi trulli di Alberobello e la stupenda Cattedrale di Trani. Ma se andiamo più a sud, nel Salento, il "tacco d'Italia", scopriamo la bellezza e la grazia del meraviglioso barocco pugliese. Gli edifici barocchi più belli e antichi si trovano a Lecce: la Basilica di Santa Croce, il Palazzo dei Celestini e tanti altri edifici e chiese eleganti. Lo stile barocco non si vede solo nella struttura degli edifici, ma anche nelle raffinate e sgargianti decorazioni di facciate, rosoni, balconi e portali. Molto importante per il fascino del barocco pugliese è la pietra locale, la pietra leccese, famosa per la sua morbidezza e il suo colore caldo e dorato.

La facciata della Basilica di Santa Croce

1. Come si chiama la zona più a sud della Puglia?

....

2. Quali sono gli edifici barocchi più belli?

....

3. Come sono le decorazioni degli edifici?

....

4. Quali sono le caratteristiche della pietra leccese?

....

Esercizio 9

Completate le frasi con le parole SCRITTORE/SCRITTRICE, AUTORE/AUTRICE, gli aggettivi FAMOSO o GRANDE, e la nazionalità, come nell'esempio. Attenzione al maschile e femminile.

Es. Natalia Ginzburg ......è una famosa scrittrice italiana.

Umberto Eco ....

Dacia Maraini ....

Joanne Rowling ....

Haruki Murakami ....

Gabriel Garcìa Màrquez ....

Victor Hugo ....

Roberto Saviano ....

Esercizio 10

Completate le frasi usando SI + verbo come nell'esempio e collegate.

Cosa si fa di solito quando fa caldo?

1. (mettere) ......Si mettono...... al mare.
2. (accendere) .... molto.
3. (andare) .... vestiti leggeri.
4. (sudare) .... l'aria condizionata.

Cosa si fa di solito quando fa freddo?

5. (accendere) .... bevande calde.
6. (bere) .... il cappotto.
7. (portare) .... il riscaldamento.

Cosa si fa di solito quando piove?

8. (mettere) .... le scarpe da pioggia.
9. (portare) .... stare a casa.
10. (preferire) .... l'ombrello.

Esercizio 11

Completate liberamente le frasi.

Cosa fanno di solito i giapponesi nelle quattro stagioni dell'anno?

In estate ....

In autunno ....

In inverno ....

In primavera ....

Esercizio 12

Completate con MOLTO, MOLTA, MOLTI, MOLTE.
Poi indicate se è aggettivo (AGG.) o avverbio (AVV.)

1. Quando piove ......molto...... vorrei stare a casa. AVV.
2. La primavera in Italia è una stagione .... bella. ....
3. In Italia in estate è caldo ma non c'è .... umidità. ....
4. A .... italiani piace passare l'estate al mare. ....
5. In Italia al mare .... donne usano il bikini. ....

6. Agli italiani piace .... anche la montagna. ....
7. Si usa una crema solare quando si sta .... al sole. ....
8. In primavera il tempo è .... variabile. ....

Esercizio 13

Completate con gli interrogativi nel riquadro.

che - dove - quando - a che ora
perché - come - con chi - quanto

- Scusa, sai .... abita l'insegnante? • Sì, vicino la scuola.
- Senta, sa .... apre la Rinascente? • Forse alle 10.
- Scusa, sai .... Andrea non c'è? • Non lo so, forse sta male.
- Scusi, sa .... opera danno oggi? • Sì, c'è l'Aida.
- Scusa, sai .... comincia il nuovo corso? • Sì, il 9 aprile.
- Scusa, sai .... sta Andrea? • Sì, sta ancora male.
- Scusi, sa .... costa il biglietto per Bari? • Sì, circa 20 euro.
- Scusa, sai .... va al cinema Anna? • Sì, ci va con il suo ragazzo.

Esercizio 14

Completate le domande con POSSO o PUOI e scegliete la risposta che vi piace.

- Scusa, mi .... prestare il tuo cellulare? Devo telefonare a mia sorella in Brasile.
  - Scherzi?! Sai quanto costa?
  - Prego, non c'è problema, io sono ricco!
- Senti, ti .... offrire un pranzo?
  - Ma come sei gentile, volentieri!
  - Dove? Al bar della stazione come ieri? Ho ancora mal di pancia!
- Amico mio! .... prendere la tua macchina?
  - Se vai piano la puoi prendere. Ma attenzione!
  - No, hai già fatto due incidenti con la mia macchina.
- Papà, per favore mi .... aiutare a fare i compiti di inglese?
  - Io? Lo sai che non capisco niente di inglese. Devi chiedere alla mamma.
  - Ancora? La settimana scorsa la tua insegnante si è arrabbiata.

Esercizio 15

Completate con le preposizioni semplici o articolate.

1. Lei deve andare sempre dritto e poi deve girare .... destra.
2. Quando arriva .... ponte, lo deve attraversare.
3. Quando esce .... stazione prende l'autobus numero 20.
4. Scusi, da che binario parte il treno .... Bari?
5. Non so quanto costa da qui .... stadio .... taxi. Deve chiedere .... tassista.
6. È facile salire .... Duomo di Milano. C'è un ascensore.
7. Ci vogliono 10 minuti .... qui .... stazione.
8. La fermata dell'autobus è .... Piazza Venezia.
9. I Musei Vaticani sono aperti .... 9:00 .... 18:00.
10. L'anno scorso sono andato .... Sicilia .... la prima volta.
11. .... estate .... nord c'è molta umidità.
12. .... agosto molti italiani vanno .... mare.

Esercizio 1

a. Completate le frasi con le espressioni del riquadro.

film di Benigni - al concerto - molti tifosi - la danza - al cinema - di musica
allo stadio - la mostra - a teatro - di calcio - al museo - il balletto

1. Vado .... a vedere una partita ....
2. Andiamo .... a vedere il nuovo ....?
3. Ieri siamo stati .... a vedere .... di Picasso.
4. Quando andiamo .... classica?
5. Domenica sera siamo andati .... a vedere l'Aida.
6. Allo stadio ci sono ....
7. Mi piace molto ...., in particolare ....

b. Scrivete riguardo ai vostri interessi e passatempi.

....

....

....

....

....

Esercizio 2

Ascoltate e completate con le parole mancanti. 25

Molte compagnie teatrali .... mettono in scena i loro .... nel .... di una .... antica o sul .... palcoscenico di un .... romano.

Cinema ...., ... sotto le stelle.
Da .... a .... in tutta ....
si organizzano rassegne cinematografiche nelle suggestive ....

Dopo lo ...., si va a .... qualcosa
al ...., o a mangiare un .... all'aperto.

Esercizio 3

Completate con le preposizioni semplici o articolate e collegate domande e risposte.

1. A me piace molto il calcio, e .... te?
2. Domenica non andate .... opera?
3. Prendiamo l'aperitivo dentro?
4. .... estate dove andate .... vacanza?
5. Prima .... spettacolo cosa fate?
6. Non vieni .... concerto .... musica jazz?

a. No, meglio un tavolo .... aperto!
b. No, vado .... cinema .... Anna.
c. Mah, non sono molto tifoso .... calcio.
d. Facciamo due passi .... centro.
e. No, andiamo .... mostra d'arte del '900.
f. Forse andiamo .... mare .... Sicilia.

Esercizio 4

Scrivete cosa stanno facendo Marta e Luisa nelle foto.

1. Luisa .... un opuscolo del Museo.
2. Luisa .... nella stazione della metro.
3. Marta .... a posto i vestiti.
4. Luisa .... al telefono con Marta.

Esercizio 5

Indicate cosa sta facendo il casalingo usando le espressioni nel riquadro.

1. lavare i piatti - 2. pulire il bagno - 3. passare l'aspirapolvere
4. cucinare - 5. mettere in ordine - 6. fare la spesa - 7. stirare

☐ ☐ ☐ ☐ ☐ ☐ ☐

Esercizio 6

Completate con i pronomi.

1. ■ E Dario? .... telefoni tu? • Sì, ... chiamo io!
2. ■ Devo proprio parlare con Luisa, ... chiamo più tardi.
3. ■ Alberta scusa, ... richiamo più tardi, ora sono in macchina!
4. ■ Oggi è il compleanno di Chiara! • Sì, prima .... ho mandato un messaggio di auguri.

Esercizio 7

Completate con pronomi e verbi nel riquadro.

lo chiami - gli telefono
le telefoni
la chiamo - ti telefono

1. Fulvia non è ancora arrivata, io adesso ....
2. Ci vediamo alle 7.00 al solito posto, se non ti vedo ....
3. Tu puoi salutare Marina da parte mia quando ....?
4. Dobbiamo dire a Mario della festa! .... tu?
5. Silvio ancora non arriva, adesso ....

Esercizio 8

Collegate le frasi e poi indicate cosa significano i pronomi.

1. Hai parlato con Roberto?	No, le telefono e le faccio gli auguri.	LE = a Gianna
2. Sai che Gianna si è laureata?	Domani. Adesso gli telefono.	GLI = ...
3. Quando esci con Tonino?	Nel suo studio. Se vuole lo chiamo.	LO = ...
4. Invitiamo anche Cristina?	Certo che la invitiamo!	LA = ...
5. Scusi, dov'è il dottore?	Le voglio dire che non torniamo.	LE = ...
6. Perché telefoni a mamma?	Non ancora. Lo incontro stasera.	LO = ...

Esercizio 9

Completate il testo con le parole e le espressioni del riquadro.

dal - nel cuore di - d'ingresso - d'arte
aperti - più visitati - all'arte moderna

I musei più visitati d'Italia

I Musei Vaticani sono i musei .... d'Italia. Infatti ogni anno circa cinque milioni di visitatori varcano la soglia dei Musei per ammirare le ricchissime collezioni di opere .... che il Vaticano ospita nei suoi palazzi. In realtà, anche se si trovano .... Roma, i musei Vaticani fanno parte dello Stato della Città del Vaticano. I Musei sono antichissimi e hanno origine nella raccolta di statue che Papa Giulio II espone al pubblico nei primi anni del 1500. Le collezioni d'arte comprendono diversi periodi storici, dall'arte antica fino ....
Il biglietto .... permette di visitare tutto il complesso dei Musei e la Cappella Sistina.
I Musei sono generalmente aperti .... lunedì al sabato e chiusi la domenica, ad eccezione dell'ultima domenica del mese, quando sono .... e l'ingresso è gratuito.

Esercizio 10

Scrivete i verbi del riquadro sotto le foto.

guardarsi - darsi la mano - sposarsi - abbracciarsi - tenersi per mano - baciarsi

....

....

....

....

....

....

Esercizio 11

Completate le frasi coniugando i verbi.

1. Io e il mio ragazzo (amarsi) .... da morire!
2. E voi? Quando (sposarsi) ....?
3. Tonino e Giulia sono molto appassionati: (abbracciarsi) .... e (baciarsi) .... in continuazione!
4. Loro sono un po' formali: quando (salutarsi) .... non (abbracciarsi) .... ma (darsi) .... la mano.
5. Io e Marcello non siamo molto amici: quando (incontrarsi) .... qualche volta non (salutarsi) .... nemmeno!
6. Tu e la tua ragazza (tenersi) .... per mano quando passeggiate?

Esercizio 12

Completate le frasi con TUTTI I, TUTTI GLI, TUTTE LE, OGNI.

1. Alla mia festa di compleanno ho invitato .... miei amici.
2. .... giorno faccio sport: mi piace tenermi in forma.
3. Mia sorella va .... giorni in palestra.
4. Mio marito va .... domeniche allo stadio: non lo sopporto più!
5. .... volta che vado da Marta non la trovo mai!
6. Uffa, mamma! Non voglio mangiare le verdure .... sere!
7. .... amici di mia sorella sono simpatici.

Esercizio 13

Queste sono le risposte a un'intervista a Laura: immaginate e scrivete le domande.

1. ....?

Sì, mi piace molto uscire.

2. ....?

Mah, di solito in estate.

3. ....?

Beh in estate adoro andare al mare!

4. ....?

Mi piace uscire sia il giorno sia la sera.

5. ....?

Esco quasi tutti i giorni con il mio ragazzo e a volte con le mie amiche.

6. ....?

Con le amiche ci incontriamo sempre in piazza.

Esercizio 14
Rispondete alle domande.

E tu?

1. Esci spesso?
....

2. Ti piace uscire?
....

3. Preferisci uscire durante il giorno o la sera?
....

4. Cosa fai quando esci la sera?
....

5. Preferisci uscire in inverno o in estate?
....

6. Cosa fai quando esci in estate?
....

7. Cosa fai quando esci in inverno?
....

8. Di solito con chi esci?
....

9. Dove incontri gli amici?
....

Esercizio 15
Ascoltate e completate con le parole mancanti. 

L'.................... è il Paese delle mille ...., come ad esempio .... San Marco a ...., Piazza del .... a Siena, Piazza Navona a ...., ... del Plebiscito a .... Le .... accolgono ...., sagre, ... teatrali e .... Per gli .... la piazza è il luogo ideale per un .... o per fermarsi a .... insieme al tavolino di un .... all'aperto.

Esercizio 1
Collega i messaggi.

1. A che ora arrivi?
2. Ciao, stasera ci vediamo?
3. Ti aspetto in piazza. :-)
4. Ciao amore!
5. Tanti baci, ti aspetto.
6. Perché non esci con me stasera?:-@

a. Va bene. Se non ti vedo ti telefono.
b. Per i tuoi baci posso volare. :-))
c. Ciao mia stella!
d. Alle 8. Ti chiamo prima di uscire.
e. Sei arrabbiata? :-o Scusa...
f. Certo, stasera ti porto in pizzeria.

Esercizio 2
Scrivi la scena del video coniugando i verbi al presente.

Franco (essere) ...è... a casa sua e (scrivere) .... un messaggio a Margherita. Loro (essere) .... fidanzati e (stare) .... insieme da tre mesi. Nel messaggio Franco (dire) .... a Margherita che arriva alle 4 e che ha un bacio per lei. Lei (rispondere) .... che lo aspetta a casa.
Lui (uscire) .... di casa con due caschi in mano. Va al suo scooter, (mettere) .... un casco nel portaoggetti, poi (mettersi) .... l'altro casco. Sale sullo scooter, lo (accendere) .... e parte per andare da lei. Mentre aspetta a un semaforo rosso (accorgersi) .... che ha ricevuto una chiamata da Margherita. Non (potere) .... rispondere perché è in motorino, ma è contento. Quando (scattare) .... il verde Franco riparte. (arrivare) .... davanti a casa di Margherita e subito (suonare) .... il citofono. Margherita dice che (scendere) .... subito.
Quando lei esce dal portone loro (abbracciarsi) ....
Lei chiede il bacio e lui le (dare) .... un cioccolatino.
Lei (ridere) .... e (leggere) .... il messaggio romantico nel cioccolatino. Poco dopo Franco e Margherita (mettersi) .... il casco e partono con lo scooter.

Esercizio 3
Scrivi la domanda per ogni risposta usando il passato prossimo.

■ A chi ha scritto un messaggio Franco?
• Ha scritto un messaggio a Margherita.
■ ....
• Lo ha messo nel portaoggetti dello scooter.
■ ....
• È arrivato da lei alle 4.
■ ....
• Ha ricevuto una chiamata da Margherita.
■ ....
• Margherita ha detto che scende subito.
■ ....
• A Margherita Franco ha dato un cioccolatino.

Esercizio 4
Metti in ordine le battute del dialogo.

- [ ] Fanno gelati buonissimi ...
- [1] Ciao bella!
- [ ] Certo che offro io. Mi dai un bacio?
- [ ] ...c'è un panorama meraviglioso!
- [ ] Ti porto in un posto speciale.
- [ ] Uhm! Allora sì! Però offri tu!
- [ ] Vieni qua...
- [ ] Uhm, cosa ha di speciale?
- [ ] Ciao caro, dove mi porti oggi?
- [ ] E poi?

Esercizio 5
Completa con i verbi del riquadro.

volevo
ero
volevi
eri
voleva
era

1. Franco è uscito presto perché .... andare al cinema.
2. Ho telefonato a Roberto ma lui non .... a casa.
3. Ti .... dire che oggi voglio prendere un gelato.
4. Scusa, non ho risposto perché .... in bagno.
5. Ho provato a telefonarti tante volte, ma dov'.................... ?
6. Mi hai chiamato? Cosa mi .... dire?

Esercizio 6
Completa con le espressioni del riquadro.

gusto preferito - piace - cosa preferisci - la prendo
il mio gusto preferito - piacciono - preferisco

1. ■ Tu ...., il cioccolato o la stracciatella?
   • Io .... il cioccolato, e tu?
2. ■ A me .... la fragola e il limone.
   • Anche a me .... il limone. La fragola però non .... mai.
3. ■ Qual è il tuo .... ?
   • Beh, ... è il caffè. Lo adoro.

Esercizio 7
Completa il dialogo con i pronomi GLI o LI.

■ Roberta e Mario sono in ritardo, ... aspettiamo qui?
• Non lo so..., ... mandiamo un sms? .... telefoniamo?
■ No, ... chiamiamo!
• Ok, ... telefono io.

Esercizio 8
Ascolta la telefonata e segna le frasi che senti. 32

1. ☐ Noi siamo ancora a casa.
   ☐ Noi siamo usciti di casa.
2. ☐ A che ora arrivate?
   ☐ Quando arrivate?
3. ☐ Arriviamo verso le 8 e mezza.
   ☐ Arriviamo alle 8 e mezza.
4. ☐ Ci aspetti lì?
   ☐ Ci aspettate lì?
5. ☐ No, vi aspetto dentro il bar.
   ☐ No, vi aspettiamo dentro il bar.
6. ☐ Sì, prima di arrivare mi telefoni?
   ☐ Sì, prima di arrivare ci telefoni?

Esercizio 9
Completa i dialoghi con i pronomi (diretti e indiretti) che sostituiscono le parole in blu.

1. Hai telefonato a Rossella e Guido? Sì, ... ho telefonato ieri.
2. Hai telefonato a Mariella? No, ... telefono dopo.
3. Hai chiamato Stefano? No, ... chiamo subito.
4. Aspettiamo Anna e Maria qui? No, ... possiamo aspettare al bar.
5. Invitiamo Giorgio e Livio a cena? Sì, ma .... invitiamo la prossima volta.
6. Invitiamo Sabrina? Certo, ... invitiamo domenica.
7. Hai detto a Stefano di portare il vino? Sì, ... ho detto di portare due bottiglie.

Esercizio 10
Completa i dialoghi con i pronomi.

Esercizio 11

Prova a dare un consiglio a queste persone usando DOVRESTI o NON DOVRESTI e scegliendo il consiglio giusto nel riquadro. Qualche volta devi usare un pronome.

portare in un posto romantico - ~~regalare un viaggio~~ - trovare un'altra donna - ignorare
essere più gentile con lei - essere così pigro - insistere - telefonare subito

1. Non so cosa regalare a mia moglie.
   Le dovresti regalare un viaggio.
2. La mia ragazza mi ha lasciato.
3. Aldo mi telefona sempre, ma lui non mi piace.
4. Giorgia è un po' fredda con me.
5. Ho dimenticato di fare gli auguri a Simona!
6. Dove porto la mia ragazza per il suo compleanno?
7. Io gli telefono sempre ma lui non mi risponde mai.
8. Mia moglie dice che io sono un po' troppo grasso.

Esercizio 12

Completa le battute di sinistra con quelle di destra.

1. Hai visto il nuovo ragazzo di Teresa?
2. Caro, mi dici qualcosa di romantico?
3. Dovresti mangiare di più.
4. Tu mi fai troppe domande.
5. Tuo fratello mi aiuta sempre.
6. Bravissimo! Come sei intelligente!

a. Certo! Sei bella come un fiore!
b. Lo so, è buono come il pane.
c. Sei furbo come una volpe!
d. Sì, è brutto come uno scorfano!
e. Sei magra come un grissino.
f. Sei curiosa come una scimmia.

Esercizio 13

Cosa significano queste espressioni metaforiche in blu? Scegli il significato giusto.

1. Mio padre ha la testa dura.	☐ è testardo	☐ è stupido
2. Penso che il suo ragazzo sia un rospo.	☐ molto brutto	☐ antipatico
3. Oggi sono a pezzi.	☐ molto occupata	☐ molto stanca
4. Tuo figlio ha un cuore d'oro.	☐ è cortese	☐ è buono
5. Casa mia è un porcile.	☐ è molto sporca	☐ è molto piccola
6. Questo libro è un mattone.	☐ è difficile	☐ è noioso
7. Milano il 15 agosto è un deserto.	☐ non c'è acqua	☐ non c'è gente
8. Oggi al cinema ci sono quattro gatti.	☐ poche persone	☐ alcuni animali

Esercizio 14

Leggi il testo e inserisci le preposizioni del riquadro, semplici o articolate.

in - per - delle - in - di - di - in - per - sul - tra - delle - di

Una passeggiata romantica

L'Italia è piena .... posti romantici: l'isola di Capri, i colli panoramici di Roma, Venezia con le sue gondole e tanti altri. .... questi c'è la cosiddetta Via dell'Amore, un percorso turistico-escursionistico ideale .... una passeggiata romantica. Si trova .... Liguria, nel versante di levante (la parte est della Liguria), nel Parco Nazionale delle Cinque Terre (la zona è un sito UNESCO), famoso .... i cinque paesini caratteristici dalle case colorate e l'atmosfera da villaggio di pescatori. La Via dell'Amore è un sentiero scavato nella roccia che collega Riomaggiore e Corniglia, due .... Cinque Terre.

la Via dell'Amore

il pittoresco Riomaggiore

Il sentiero è molto agevole, facilmente percorribile e a picco .... mare. Questa passeggiata offre un panorama stupendo. .... estate e in generale nella bella stagione è spesso affollata. Si consiglia perciò .... percorrerla al mattino presto o al tramonto, quando la luce è più calda e c'è più tranquillità.

Alla fine .... questa romantica passeggiata molte coppie si regalano un pranzo o una cena .... uno dei buonissimi ristoranti .... Cinque Terre.

Esercizio 15

Scrivi il plurale dei nomi singolari o viceversa.

singolare	plurale
pomodoro	....
....	funghi
pizza	....
....	calzoni
pizzeria	....

singolare	plurale
formaggio	....
....	carciofini
oliva	....
....	stagioni
salame	....

Esercizio 16

Su un foglio separato scrivi un tema (da 50 a 100 parole).
Poi consegna il foglio al tuo insegnante.

Il mio amico / La mia amica ideale

Esercizio 17

Scegli il pronome giusto.
Poi ascolta il CD per controllare.

□ Pronto?
■ Pronto, buonasera, sono Elena, un'amica di Silvana.
Lei è il papà di Silvana?
□ No, sono il nonno. Mi chiamo Attilio.
■ Ah, piacere. E... senta, posso parlare con Silvana?
Al cellulare non risponde.
□ [Mi] [Ti] [Lo] dispiace, adesso non c'è. Arrivederci.
■ Un attimo! Gentilmente, [mi] [ti] [la] può dire a che ora torna?
□ Veramente non [la] [lo] [mi] so. Forse oggi non torna.
■ Ah! E può dir[mi] [ti] [le] quando [mi] [lo] [la] posso trovare?
□ Domani forse. Appena Silvana torna [la] [le] [lo] dico che tu hai chiamato.
Come [ti] [mi] [si] chiami?
■ [Mi] [Ti] [Si] chiamo Elena. Per favore, [la] [lo] [le] può dire anche
di telefonar[ti] [mi] [le] subito?
□ Certo, se [mi] [ti] [la] ricordo...
■ Perché non scrive un messaggio e [lo] [la] [mi] lascia a Silvana?
□ E cosa [le] [gli] [lo] scrivo?
■ Che Elena ha chiamato.
□ Chi è Elena?
■ Sono io!

Esercizio 18

Completa i dialoghi con il pronome giusto.

1. ■ Ciao Gianna, più tardi .... posso parlare?
□ Come no, ... aspetto. A che ora vieni?

2. ■ Buongiorno Professore, ... posso parlare?
□ Certo, ... aspetto nel mio studio.

3. ■ Rossella, hai chiamato il dottore?
□ No, ... chiamo domani mattina.

4. ■ Quando ci inviti a casa tua?
□ .... invito il prossimo anno.

5. ■ Caro, cosa .... cucini stasera?
□ .... preparo un ottimo risotto.

6. ■ Voi a che ora vi svegliate?
□ .... svegliamo alle 8, e voi?

Esercizio 1

Scrivi il nome degli oggetti descritti.

1. Serve per metterci i fiori: ....
2. In Italia si usa la mattina appena svegli o dopo mangiato: ....
3. È comoda, spesso in pelle,
   e si usa quando si legge o si guarda la TV: ....
4. È utilissima per spostarsi nel traffico e compare nel film
   Vacanze Romane: ....
5. Spesso è sul comodino, si accende e si spegne: ....
6. È piccola ma con interni di design, è ideale
   per fare spese e parcheggiare in città: ....

Esercizio 2

In base ai tuoi gusti, scrivi 5 frasi utilizzando le parole e i colori dati, come nell'esempio.

sedie - vasi - tavoli lampade - tazze - piatti	giallo - rosso - verde - blu - nero grigio - bianco - rosa - marrone

1. Mi piacciono le sedie marroni. / Non mi piacciono i vasi neri.
2. ....
3. ....
4. ....
5. ....
6. ....

Esercizio 3

Ascolta e scegli tra VERO e FALSO. 37

	VERO	FALSO
1. Cinzia vuole comprare delle tazzine di ceramica.	☐	☐
2. A Flavio piacciono i colori vivaci e il design moderno.	☐	☐
3. A Cinzia piace la caffettiera che ha scelto Flavio.	☐	☐
4. Cinzia e Flavio non comprano la caffettiera.	☐	☐

Esercizio 4

a. Inserisci i nomi plurali nel riquadro giusto.

caffettiere - vasi - lampade - sgabelli - bricchi
zainetti - zuccheriere - tavoli - specchi

quei	quegli	quelle
....	....	....

b. Completa a sinistra con QUEL, QUELLO, QUELL', QUELLA e poi scrivi il plurale a destra come nell'esempio.

quel vaso .... quei vasi
.... asciugamano ....
.... zaino ....
.... vassoio ....
.... zuccheriera ....
.... specchio ....

Esercizio 5

a. Completa le due frasi con le espressioni nel riquadro.

piacciono - a lui piace - piace la ceramica - a lei

1. Questa caffettiera di porcellana è perfetta per Maurizio e Rossella.
.... il caffè e .... la porcellana.

2. Questo vaso è perfetto per Barbara e Filippo.
A lei .... i fiori e a lui ....

b. Completa liberamente le frasi come nell'esempio.

1. A me piace prendere il caffè a colazione.
2. Alla mia amica ....
3. Ai miei amici ....
4. Al mio insegnante ....
5. Agli italiani ....
6. Ai giapponesi ....
7. A .... piace ....
8. A .... piacciono ....

Esercizio 6

Ascolta e completa le frasi. 38

1. ■ .... ?
□ Bellissimo! .... è perfetto per Laura!

2. ■ .... queste?
□ Mah... .... un po' banali.

3. ■ E questa? .... ?
□ .... perfetta!

4. ■ .... questo?
□ .... perfetto!

5. ■ .... questi tappeti?
□ Sì, moltissimo. .... davvero di buon gusto.

Esercizio 7

Guarda le foto. Poi immagina e descrivi il carattere di queste persone come nell'esempio.

Penso che sia simpatico. Mi sembra un tipo sportivo. Secondo me gli piace lo sport. Forse gioca bene a tennis.

Esercizio 8

Completa liberamente le frasi paragonando persone, cose, città e paesi, come nell'esempio.

1. Io sono ...più allegra di... mia sorella.
2. La mia amica è .... me.
3. Questa caffettiera è .... quella.
4. Roma è .... Milano.
5. Il Giappone è .... Italia.
6. Gli italiani sono .... giapponesi.

Esercizio 9

Completa le frasi con la forma corretta degli aggettivi a destra.

1. Il Colosseo è un monumento del periodo .... (romano)
2. I templi .... di Agrigento sono affascinanti. (greco)
3. Questa è una chiesa .... del '700. (barocco)
4. A Roma ci sono molti palazzi .... (rinascimentale)
5. Il Duomo di Milano è in stile .... (gotico)
6. Mi piace l'architettura .... delle grandi città. (moderno)
7. Le Ville Palladiane del Veneto sono .... (neoclassico)
8. Lo stile .... è semplice ma affascinante. (romanico)

Esercizio 10

Completa la storia con i verbi al presente e qualche volta al passato prossimo.

È sera, Maurizio e sua moglie Elisa sono in giardino e (cenare) .... già .... (Sentire) .... il campanello della porta. Elisa chiede a Maurizio chi sarà. Maurizio (andare) .... ad aprire la porta. Fuori ci sono due cari amici: Rossella e Luca. Loro (nascondersi) .... dietro la busta del regalo. Quando Maurizio apre la porta (rimanere) .... sorpreso. Lui è molto felice di questa bella sorpresa e (invitare) .... gli amici a entrare. Luca e Rossella (dare) .... a Maurizio il regalo che (comprare) .... in un negozio qualche giorno fa e una confezione di pasticcini. I quattro amici (accomodarsi) .... in giardino. Luca (prendere) .... in giro Maurizio perché non è più un ragazzino. Maurizio (scartare) .... il regalo di compleanno dicendo "Che sarà?". È una caffettiera di porcellana con le tazzine. Gli (piacere) .... molto. Anche Elisa è contenta perché a lei (piacere) .... la porcellana. Elisa (portare) .... una bottiglia di vino moscato e dice che sta molto bene con i pasticcini, poi (chiedere) .... a suo marito di andare a prendere i bicchieri. Gli dice quale bicchiere è più adatto e poi gli chiede anche di aprire la bottiglia. Maurizio torna con la bottiglia che (aprire) .... in cucina poi (versare) .... il moscato, prima alle donne e poi al suo amico Luca. Quando (fare) .... il brindisi, Elisa, Luca e Rossella (cantare) .... la canzone di compleanno per fare gli auguri a Maurizio. Dopo il brindisi mangiano i pasticcini. Elisa (preferire) .... quello alla crema, Luca quello alla frutta, Rossella prende il bignè e poi quello al cioccolato. Maurizio, per ultimo, (prendere) .... la sfogliatella.

Esercizio 11

Completa le frasi con il presente dei verbi del riquadro.

andare mangiare essere sposarsi piovere lavorare

1. Ho 35 anni. Non .... più un ragazzino.
2. Possiamo uscire senza ombrello, non .... più.
3. Dopo la carne sono piena, non .... più.
4. La mia ragazza mi ha lasciato, non .... più.
5. Franca non .... più in banca. Adesso lavora in una ditta.
6. Abbiamo cambiato programma, non .... più a Roma ma in Sicilia.

Esercizio 12
Completa con SARÀ o SARANNO.

1. Hanno suonato alla porta. Chi ....?
2. Maurizio non c'è. Dove ....?
3. Non ho l'orologio. .... le tre e mezza.
4. Quante persone ci .... al cinema?
5. Luca non viene alla festa. .... stanco?
6. Stamattina è arrivato questo pacco. Cosa ....?

Esercizio 13
Completa le risposte con QUELLO, QUELLA, QUELLI, QUELLE.

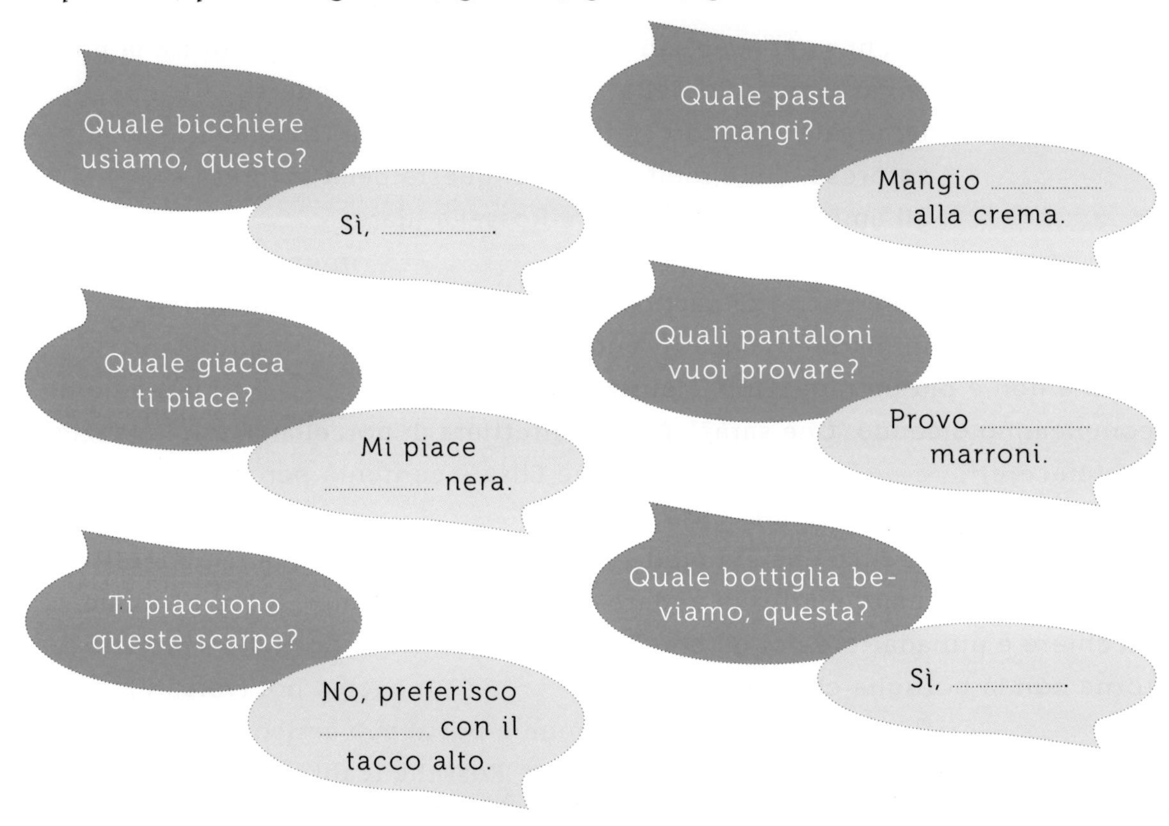

Esercizio 14
Completa le risposte con LO, LA, LI, LE o NE.

1. Vuoi dei cioccolatini? — Sembrano buoni, ... assaggio.
2. Vuoi assaggiare i cioccolatini? — Non ho fame, ... assaggio solo uno.
3. Vuoi una pasta al cioccolato? — Sì, ... prendo, grazie.
4. Chi mangia la pasta alla crema? — .... mangio io!
5. Ma quante paste mangi? — Io? .... mangio solo quattro o cinque.
6. Quante amiche italiane hai? — .... ho due. Una di Roma e una di Torino.
7. Da quanto tempo le conosci? — .... conosco da due anni.
8. Quanti anni avete? — Io 32 e mio fratello .... ha 34.
9. Vuoi un caffè? — Adesso no. .... prendo dopo.

Studente A

Dov'è?

Chiedete informazioni al compagno e completate la tabella.

il Ponte Sant'Angelo ....
la Fontana delle 99 Cannelle **L'Aquila**
il Teatro San Carlo ....
le Ville Palladiane **Veneto**
il Palazzo dei Diamanti ....
la Torre degli Asinelli **Bologna**

Studente A

Come si dice in italiano?

Chiedete al compagno le espressioni che non conoscete e completate.

fare colazione

....

dormire

....

farsi la doccia

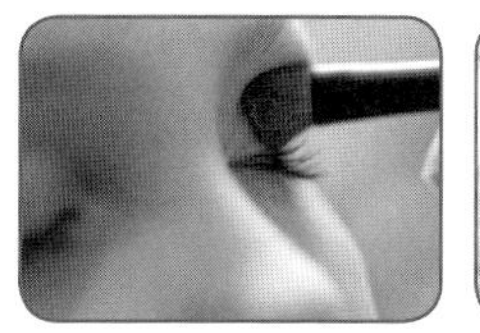
....

riposarsi

....

controllare la posta

....

Il gioco dei mimi!

Guardate cosa fanno i compagni e indovinate che azione è.

Studente B

Dov'è?

Chiedete informazioni al compagno e completate la tabella.

il Ponte Sant'Angelo **Roma**
la Fontana delle 99 Cannelle ....
il Teatro San Carlo **Napoli**
le Ville Palladiane ....
il Palazzo dei Diamanti **Ferrara**
la Torre degli Asinelli ....

Studente A

Come si dice in italiano?

Chiedete al compagno le espressioni che non conoscete e completate.

....

asciugarsi i capelli

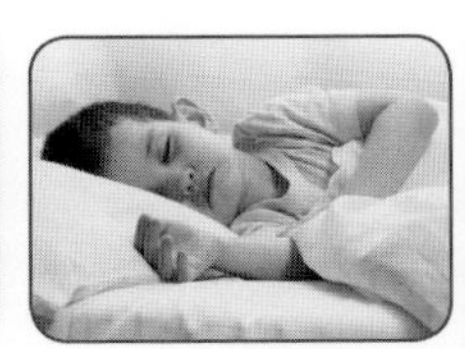

....

farsi il bagno

....

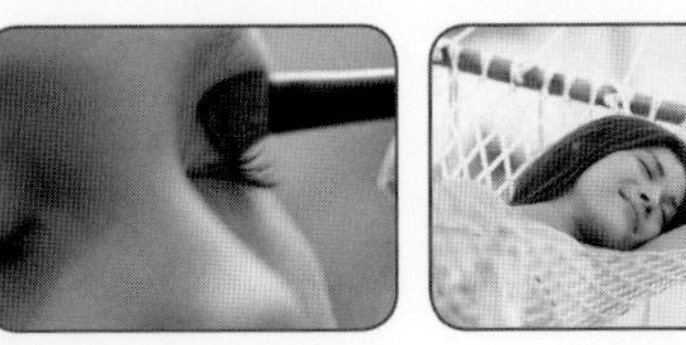

truccarsi

....

....

svegliarsi

....

lavarsi il viso

Il gioco dei mimi!

Guardate cosa fanno i compagni e indovinate che azione è.

Studente A

Che cosa ha fatto?

Scrivete il passato prossimo dei verbi all'infinito (attenzione al soggetto!).
Poi completate la tabella facendo domande al compagno e scrivendo le risposte.

Esempio: *Che cosa ha fatto Lucia mercoledì mattina?*

Studente B

Che cosa ha fatto?

Scrivete il passato prossimo dei verbi all'infinito (attenzione al soggetto!).
Poi completate la tabella facendo domande al compagno e scrivendo le risposte.

Esempio: *Che cosa ha fatto Lucia sabato pomeriggio?*

Studente A

Scusi, mi può dire dov'è... ?

Leggete al compagno le indicazioni per...

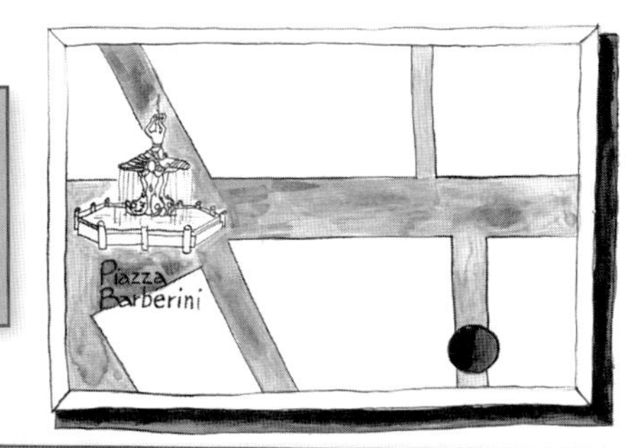

Piazza Barberini
Sì, allora Lei va dritto e gira a sinistra. Va avanti e dopo cento metri trova Piazza Barberini.

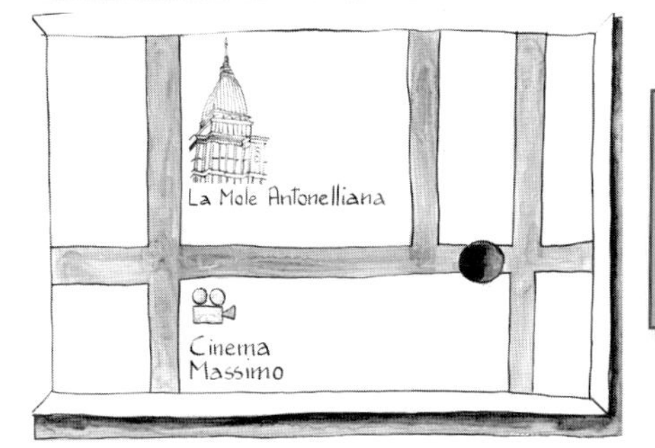

La Mole Antonelliana
Allora, Lei va dritto fino al cinema Massimo e gira a destra. Dopo 50 metri, sulla destra, trova la Mole Antonelliana.

La casa di Dante
Sì, certo, è proprio qui vicino. Lei va avanti per questa strada e gira a destra. È subito sulla sinistra.

Utilizzando le espressioni del riquadro chiedete indicazioni al compagno per i seguenti luoghi e segnate il percorso sulla mappa.

● = *Punto di partenza*

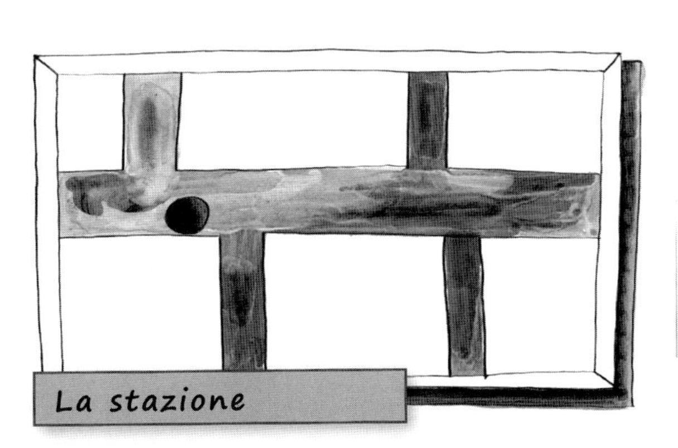

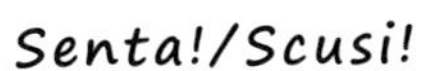

Senta!/Scusi!
Mi può/potrebbe dire dov'è...?
Mi sa dire dov'è...?

Studente B

Scusi, mi può dire dov'è... ?

Utilizzando le espressioni del riquadro chiedete indicazioni al compagno per i seguenti luoghi e segnate il percorso sulla mappa.

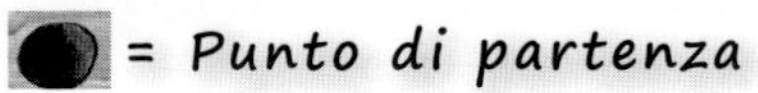

Senta!/Scusi!
Mi può/potrebbe dire dov'è...?
Mi sa dire dov'è...?

Leggete al compagno le indicazioni per...

Piazza dei Miracoli
Allora Lei va dritto e all'incrocio gira a sinistra. Sulla destra trova Piazza dei Miracoli.

la stazione
Sì, allora, Lei va dritto per questa strada e gira a sinistra.
La stazione è subito lì, sulla destra.

il Teatro del Giglio
Sì, è proprio qui vicino. Lei va diritto per questa strada e alla fontana gira a destra.
Dopo pochi metri sulla sinistra trova il Teatro del Giglio.

Cosa fanno gli italiani prima della partenza?

a. Guardate le illustrazioni e collegate le azioni alle espressioni giuste inserendo i numeri.

- ☐ preparare dei panini
- ☐ chiudere il gas
- ☐ chiudere la porta a chiave
- ☐ controllare le finestre
- ☐ prendere l'acqua per il viaggio

b. Segnate con ☑ e poi aggiungete cosa fate prima della partenza.

- ☐ preparo dei panini
- ☐ prendo l'acqua per il viaggio
- ☐ chiudo il gas
- ☐ controllo le finestre
- ☐ chiudo la porta a chiave
- ☐ ....
- ☐ ....
- ☐ ....
- ☐ ....

Che cosa stanno facendo?

a. Guardate le foto e a coppie descrivete posti, persone e azioni.
b. Poi dite altre cose che potete immaginare con l'aiuto dell'insegnante.

espressioni utili

in questa foto
a destra / sinistra
in alto / basso
al centro

c'è... / ci sono...
un uomo - una coppia
una famiglia - dei ragazzi
un gruppo di amici
c'è un uomo che...

Piccole cose magiche

Leggete gli esempi e poi indovinate il nome degli oggetti usando le espressioni del riquadro.

serve a misurare la febbre - si usano per camminare in spiaggia
si usa per mangiare un gelato camminando
si usa per condire e cucinare all'orientale - servono a tagliare qualcosa
è utile quando fa caldo - si usa per preparare un caffè all'italiana
lo usano le donne per truccarsi - serve a segnare gli appuntamenti

i sandali - il rossetto - la moka - il termometro - il cono
le forbici - la salsa di soia - il ventaglio - l'agenda

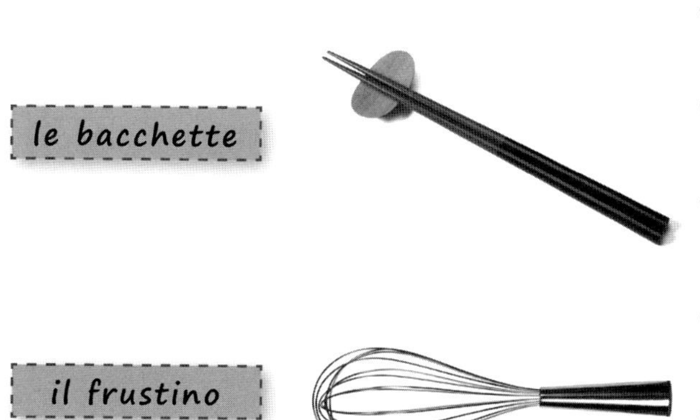

le bacchette

- **servono quando** vogliamo mangiare alla giapponese.
- **si usano per** mangiare piatti orientali.
- **sono utili per** mangiare il sushi.

il frustino

- **serve quando** facciamo un dolce.
- **si usa per** montare la panna.
- **è utile per** mescolare qualcosa.

verbi riflessivi

-are		-ere		-ire	
rilassarsi		**mettersi**		**vestirsi**	
io	mi rilasso	io	mi metto	io	mi vesto
tu	ti rilassi	tu	ti metti	tu	ti vesti
Lei	si rilassa	Lei	si mette	Lei	si veste
lui/lei	si rilassa	lui/lei	si mette	lui/lei	si veste
noi	ci rilassiamo	noi	ci mettiamo	noi	ci vestiamo
voi	vi rilassate	voi	vi mettete	voi	vi vestite
loro	si rilassano	loro	si mettono	loro	si vestono

verbi riflessivi ed espressioni con verbi riflessivi

chiamarsi, trovarsi, svegliarsi, alzarsi, lavarsi, farsi la doccia/il bagno, truccarsi, pettinarsi, togliersi il pigiama, vestirsi, mettersi la giacca, prepararsi, annoiarsi, divertirsi, godersi il tempo, riposarsi, rilassarsi, sbrigarsi, cambiarsi, addormentarsi, stancarsi, stressarsi, sorprendersi, meravigliarsi, accorgersi, spaventarsi, sentirsi bene/male, sentirsi felice/triste, preoccuparsi, arrabbiarsi, calmarsi, accontentarsi, lamentarsi, vergognarsi, comportarsi bene/male, presentarsi, dimenticarsi, ricordarsi, sforzarsi, sbagliarsi, interessarsi, tenersi, innamorarsi, fidanzarsi, sposarsi, abituarsi, iscriversi, inchinarsi, sedersi, trasferirsi, abbronzarsi, allontanarsi, avvicinarsi, farsi male

i verbi riflessivi di reciprocità

salutarsi		**vedersi**		**capirsi**	
noi	ci salutiamo	noi	ci vediamo	noi	ci capiamo
voi	vi salutate	voi	vi vedete	voi	vi capite
loro	si salutano	loro	si vedono	loro	si capiscono

verbi riflessivi di reciprocità ed espressioni con verbi riflessivi di reciprocità

salutarsi, vedersi, incontrarsi, abbracciarsi, baciarsi, darsi la mano/un bacio, tenersi per mano, parlarsi, telefonarsi, scriversi messaggi, separarsi, sposarsi, sopportarsi

il superlativo relativo

il teatro più antico d'Italia
l'albergo più elegante della città
l'isola più grande del Mediterraneo
la regione più piccola d'Italia

il superlativo assoluto

bravo → bravissimo, bravissima
bravissimi, bravissime

bene → benissimo

il passato prossimo

con ausiliare AVERE

io	ho	
tu	hai	
Lei	ha	
lui/lei	ha	mangiato
noi	abbiamo	
voi	avete	
loro	hanno	

con ausiliare ESSERE

io	sono andato/a
tu	sei andato/a
Lei	è andato/a
lui	è andato
lei	è andata
noi	siamo andati/e
voi	siete andati/e
loro	sono andati/e

verbi che hanno l'ausiliare ESSERE
andare, venire, tornare, arrivare, partire, cadere, uscire, entrare, scappare, essere, stare, restare, rimanere, costare, nascere, morire, succedere, diventare, riuscire, dimagrire, ingrassare

i verbi riflessivi hanno ESSERE
esempio: mi sono svegliato/a

i verbi transitivi e alcuni verbi intransitivi hanno l'ausiliare AVERE

verbi che hanno come ausiliare sia AVERE che ESSERE

piovere, nevicare, grandinare

verbi che hanno come ausiliare AVERE
(se usati come verbi transitivi) o ESSERE
(se usati come verbi intransitivi)

salire, scendere, cominciare, iniziare, finire, terminare, cambiare, passare, correre, aumentare

POTERE, DOVERE, VOLERE hanno come ausiliare
quello del verbo che li segue

esempi: Ho dovuto lavorare.
Sono dovuto andare in ufficio.
(ma è possibile anche la forma: Ho dovuto andare.)

se questi verbi sono usati in modo indipendente,
l'ausiliare è sempre AVERE
esempio: Non ho potuto.

il participio passato regolare dei verbi

-ARE > ATO	-ERE > UTO	-IRE > ITO
Ho mangiato	Ho potuto	Ho dormito

il participio passato irregolare dei verbi più comuni

correggere	corretto
cuocere	cotto
dire	detto
fare	fatto
rompere	rotto
scrivere	scritto
aggiungere	aggiunto
dipingere	dipinto
piangere	pianto
spegnere	spento
vincere	vinto
raccogliere	raccolto
risolvere	risolto
scegliere	scelto
togliere	tolto
accorgersi	accorto
aprire	aperto
morire	morto
offrire	offerto
soffrire	sofferto
correre	corso
perdere	perso

chiedere	chiesto
proporre	proposto
rimanere	rimasto
rispondere	risposto
vedere	visto
accendere	acceso
chiudere	chiuso
concludere	concluso
decidere	deciso
dividere	diviso
prendere	preso
ridere	riso
scendere	sceso
spendere	speso
discutere	discusso
mettere	messo
permettere	permesso
succedere	successo
essere	stato
stare	stato
vivere	vissuto
venire	venuto
nascere	nato

espressioni e avverbi di tempo per raccontare al passato

poco fa, cinque minuti fa, un'ora fa, due ore fa, stamattina, ieri, ieri sera, l'altro ieri, tre giorni fa, qualche giorno fa, una settimana fa, due settimane fa, un mese fa, qualche mese fa, un anno fa, qualche anno fa, anni fa, molto tempo fa

altre espressioni di tempo

la settimana scorsa/passata, la scorsa settimana, sabato scorso, domenica scorsa, il mese scorso, lo scorso mese, il novembre scorso, l'aprile scorso, l'anno scorso/passato, lo scorso anno, l'estate scorsa, la scorsa estate, l'autunno scorso, lo scorso autunno

imperfetto

	essere	volere
io	ero	volevo
tu	eri	volevi
Lei/lui/lei	era	voleva

espressioni di tempo

prima... poi/dopo...
prima di (+ verbo all'infinito)
finalmente

le preposizioni articolate

	il	lo	la	i	gli	le	l'
di	del	dello	della	dei	degli	delle	dell'
a	al	allo	alla	ai	agli	alle	all'
da	dal	dallo	dalla	dai	dagli	dalle	dall'
in	nel	nello	nella	nei	negli	nelle	nell'
su	sul	sullo	sulla	sui	sugli	sulle	sull'

partitivi plurali

dei
dolci
turisti
libri
bicchieri
piatti

amici
studenti
yogurt
zaini

amiche
borse
olive
valigie

indefiniti

qualche, ogni

tutti/tutte + articolo determinativo

gerundio

-are	-ando
-ere	-endo
-ire	-endo
fare	facendo
bere	bevendo

stare + gerundio

sto
stai
sta
stiamo
state
stanno

mangiando
scrivendo
dormendo
facendo

molto

avverbio

è molto bello
è molto bella
mi piace molto

aggettivo

mangio molto riso
mangio molta pasta
ho molti amici
ho molte amiche

pronomi diretti

(io)	mi	(=me)
(tu)	ti	(=te)
(Lei)	La	(=Lei)
(lui)	lo	(=lui)
(lei)	la	(=lei)
(noi)	ci	(=noi)
(voi)	vi	(=voi)
(loro)	li/le	(=loro)

alcuni verbi con i pronomi diretti:

aiutare, amare, ascoltare, aspettare, capire, chiamare, conoscere, frequentare, invitare, preferire, pregare, ringraziare, salutare, sentire, trovare, vedere

pronomi indiretti

(io)	mi	(=a me)
(tu)	ti	(=a te)
(Lei)	Le	(=a Lei)
(lui)	gli	(=a lui)
(lei)	le	(=a lei)
(noi)	ci	(=a noi)
(voi)	vi	(=a voi)
(loro)	gli	(=a loro)

alcuni verbi con i pronomi indiretti:

rispondere, telefonare, sembrare, servire, volere bene

chiedere, fare, mandare, dare
+ (qualcosa) a qualcuno

indicativo

Secondo me questo è perfetto.
Secondo me questi sono perfetti.

congiuntivo

Penso che questo sia perfetto.
Penso che questi siano perfetti.

dimostrativi

aggettivi	
il vaso	quel vaso
l'orologio	quell'orologio
lo specchio	quello specchio
la caffettiera	quella caffettiera
i piatti	quei piatti
gli studenti	quegli studenti
le tazzine	quelle tazzine

pronomi

Quale vino beviamo?
Beviamo quello.
Quale giacca ti piace?
Mi piace quella nera.
Quali pantaloni compri?
Compro quelli marroni.
Quali scarpe vuoi provare?
Quelle con il tacco.

comparativi

Io sono più alto di lui.
Lui è meno giovane di lei.
L'Italia è più piccola della Francia.
Questo vino è meno caro di quello.

diminutivi

tavolo > tavolino, tazza > tazzina
bicchiere > bicchierino, luce > lucina

negazione

non... niente	Oggi non mangio niente.
non... mai	Non vado mai al mare.
non... più	Ora non piove più.

ne partitivo

Quanti gelati mangi? Ne mangio uno.
Quante giacche compri? Ne compro due.
Quanti italiani conosci? Ne conosco molti.

Crediti

Unità 1
- Pag. 9: Arena di Verona, Foto Fainello
- Pag. 13: Arena di Verona, Foto Fainello
- Pag. 14: Arena di Verona, Aida, Foto Fainello
- Pag. 15: Arena di Verona, Il Barbiere di Siviglia, Corpo di ballo dell'Arena di Verona, Foto Ennevi
- Pag. 15: Arena di Verona, La Traviata, Francesco Meli (Alfredo) - Ermonela Jaho (Violetta), Foto Ennevi
- Pag.15: Teatro alla Scala, La Sonnambula, Foto Andrea Tamoni
- Pag. 18: Teatro San Carlo, Foto Luciano Romano

Unità 2
- Pag. 30: Pro loco Andria, Foto Michele Guida

Unità 4
- Pag. 45: Fondazione Cineteca di Bologna, Foto Lorenzo Burlando
- Pag. 49: "Piazza d'Italia con sole spento" - Giorgio De Chirico, collezione di Arte Italiana della Farnesina, Ministero degli Affari Esteri

Eserciziario
- Pag. 85: Arena di Verona, Aida, Foto Fainello

Video e audio

Unita1
Video:
- Arena di Verona, Aida di Giuseppe Verdi (Rievocazione dell'Aida del 1913) – Trionfo (atto II). Direttore: Daniel Oren, Regia: Gianfranco de Bosio, Coreografia: Susanna Egri; Interpreti: Gustáv Beláček (Il Re), Giovanna Casolla (Amneris), Hui He (Aida), Marco Berti (Radamès), Carlo Striuli (Ramfis), Alberto Gazale (Amonasro), Enzo Peroni (Un messaggero), Antonella Trevisan (Sacerdotessa), Myrna Kamara (Prima ballerina ospite), Orchestra, Coro, Corpo di ballo e Tecnici dell'Arena di Verona. Registrazione del 26 giugno 2011.

Audio:
- Arena di Verona, Il Barbiere di Siviglia di Gioachino Rossini – Largo al factotum (atto I). Figaro: Dalibor Jenis. Direttore: Andrea Battistoni, Orchestra dell'Arena di Verona. Registrazione del 22 luglio 2011.
- Arena di Verona, La Traviata di Giuseppe Verdi – Brindisi (atto I). Alfredo: Francesco Meli, Violetta: Elena Mosuc. Direttore: Carlo Rizzi, Maestro del coro: Giovanni Andreoli, Orchestra e Coro dell'Arena di Verona. Registrazione del 21 luglio 2011.

Ringraziamenti

Unità 1
- Pagg. 9, 13, 14: Immagini, video e file audio sono gentilmente concessi dalla Fondazione Arena di Verona
- Pag. 15: Immagini e file audio sono gentilmente concessi dalla Fondazione Festival Pucciniano
- Pag.11: Si ringrazia la Pasticceria e Confetteria Flego di Verona per la location

Unità 2
- Pag. 25: Immagini e video sono gentilmente concessi da Viaggiare in Puglia, Portale Turistico della Regione Puglia

Unità 3
- Pag. 41: Immagini gentilmente concesse da MetroNapoli S.p.A
- Pag.41: Filmato "Metro dell'arte" tratto da "Naples – place for contemporary art" gentilmente concesso da Gustav Hofer

Unità 6
- Pag. 74: Si ringrazia Gae Aulenti per l'intervista rilasciata
- Pag 76: Si ringrazia Cascina Castlet, Castigliate d'Asti per il moscato utilizzato nel video

Ai nostri studenti

音声ダウンロード

音声再生アプリ「リスニング・トレーナー」（無料）

朝日出版社開発のアプリ、「リスニング・トレーナー（リストレ）」を使えば、教科書の音声をスマホ、タブレットに簡単にダウンロードできます。どうぞご活用ください。

まずは「リストレ」アプリをダウンロード

» App Store はこちら

» Google Play はこちら

アプリ【リスニング・トレーナー】の使い方

① アプリを開き、「**コンテンツを追加**」をタップ

② 右にあるQRコードをカメラで読み込む ⟶

③ QRコードが読み取れない場合は、画面上部に 55320 を入力し「Done」をタップします。

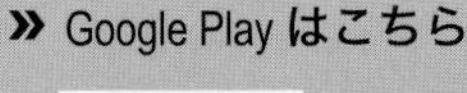

QRコードは㈱デンソーウェーブの登録商標です

音声Webストリーミング

https://text.asahipress.com/free/others/op2/

◆ 本テキストの音声はCDでのご提供から音声アプリ「リスニング・トレーナー」（無料）とストリーミングでのご提供に変更いたしました。

◆ 本テキストにCDは付きません。

オペラ・プリマ 2

検印省略

©2012年8月1日 初版発行
2020年1月30日 第6刷発行
2024年1月30日 第2版発行

編者 イタリア文化会館

発行者 原 雅久
発行所 株式会社 朝日出版社
101-0065 千代田区西神田3-3-5
電話 03-3239-0271/72
振替口座 00140-2-46008
https://www.asahipress.com/
図書印刷

乱丁、落丁本はお取り替えいたします。
ISBN978-4-255-55320-7 C1087